# Stelianos Bervanakis
# A War Story
# from the Cretan
# Resistance in WWII

♠♠ ♠ ♠ ♠ ♠ ♠ ♠ ♠ ♠ ♠ ♠ ♠ ♠ ♠ ♠ ♠ ♠ ♠ ♠ ♠ ♠ ♠

As told to

**BARRIE MACHIN**

**Illustrations by Christos Petrakis**

**SHIMMERING PIONEER BOOKS
HOBART TASMANIA**

## STELIANOS BERVANAKIS A WAR STORY
## FROM THE CRETAN RESISTANCE WWII

Barrie Machin is the author of a number of books on a wide range of subjects, including *Antarctica: A Travel Survival Guide*, comic sketches from 1982 in *Beyond the Cringe: Sex Drugs Fishing DIY Terrorism The Assassination of American Presidents And Other Fun Things*, *The Moral Premises of Nuclear War* and a children's book *David is An Animal*. He has produced other books in the social anthropology of Western Crete series including Passing Shadows: *A Movie, Death in Crete, Songs of Fate and Other Essays, Stelianos Bervanakis A War Story* and many videos about Western Crete including: *Warriors and Maidens, Warriors and Maidens a Discussion, Passing Shadows, Burnt Harvest, Eagle Nests of Crete, and Sitari.* He has made over one hundred ethnographic videos in Greece, Sri Lanka, India, Brazil and Australia including the prize winning *Iramudun* and *Burnt Harvest*. Fadwa El Guindi described him in 2007 as *the earliest anthropologist to make extensive use of video* in the book *Visual Anthropology: Essential Method and Theory.* He received the American Blue Ribbon for the best film in cultural studies 1984, the prize for a film of outstanding scientific and artistic excellence, Second International Visual Anthropology Film Festival, Parnu Estonia October 1988, the Anthropos-Omega Lifetime Achievement Award in association with the Festival dei Popoli alongside Jean Rouch and Claudine de France. He lives in Tasmania.

# COPYRIGHT

Electronic ISBN
978-1-62209-901-6

Print ISBN ISBN-13:
978-0-9803348-4-5
ISBN-10:
0980334845

www.barriemachin.com
barrie@barriemachin.com

**TRANSLATION**

Barrie Machin, Vicki Sotiris
with some help from George Vassily,
Giorgios Stavroulakis,
Giorgia Spirakis-Koundouraki, and
Dimitra Sarri


Transcriptions Anna Giparis,


Additional help from Christos Petrakis

## DEDICATION

To Stelianos Bervanakis and the villagers of Asi
Gonia

Above all to my children: Jessica, Daniel,
Rebecca, Jacob and Emily and my grandchildren,
Zoë, Cody, Djaya and Dèwi with all my love.

*And to my wife who puts up with my
preoccupations.*

There were many war heroes in the Cretan resistance to the Nazi occupation of Crete. We owe our very existence and our democracy to these heroes.

This is the story of a hero from the heroic village of Asi Gonia

*Ask not of what Greece owes to us but instead ask what we owe to Greece.*

.

# CONTENTS

# Asi Gonia

## Prologue

*This is the story of a battle that took place during the early years of the Second World War on an island in the middle of the Mediterranean. For ten dramatic and bitterly fought days, Crete served as a battlefield in the struggle between German paratroopers and free-spirited Cretan civilians fighting side by side with their gallant British Commonwealth allies.*

*The battle of Crete has been referred to as the Thermopylae of the Second World War. Herodotus tells us in his History of the Persian Wars that King Xerxes of Persia invaded Greece in 480 BC, with a vast army. Most of the Greek city-states put aside their differences and banded together to fight the Persian invader.*

*The Greek armies attempted to defend Thessaly at the site of Mount Olympus. Defeated, they withdrew southward, leaving only a small army to block the Persian advance. This army decided to fight at a narrow pass between the mountains and the sea, a position that offered some possibility of success. The pass was called Thermopylae.*

*The whole civilized world has read of the heroic defense that King Leonidas and his 300 Spartans, together with their allies, made at Thermopylae. The defenders fought valiantly until they were betrayed, whereupon they were overcome by the Persian hordes. Leonidas and his Spartans sacrificed themselves in order to delay the Persians.*

*After Thermopylae the Persians swept onward. They sacked Athens and eventually reached Salamis, where the Athenian fleet was waiting for them. In the sea battle that followed, the Persian fleet was virtually destroyed. Unable to sustain his army, Xerxes was forced to return to Persia. He had won the battle at Thermopylae, but the delay had lost him the war at Salamis.*

*In World War II, Adolf Hitler did not intend to invade Greece or Crete. Mussolini's failure to conquer Greece, however, caused Hitler to come to his aid, and to put off his plan to invade Russia. Once in Greece, Hitler was persuaded to seize Crete to protect the oil fields in Rumania from Crete-based aerial bombing. This occupied precious weeks of a very tight military timetable, and the delay represented a period of time Hitler would have required to bring Russia to its knees. The campaign in Greece and in Crete forced Hitler to postpone the invasion of Russia until June 1941.*

*At first the German armies rolled victoriously across the Russian plains, reaching Leningrad and Moscow. However, Hitler never captured Leningrad, and although within sight of the Kremlin towers, he never took Moscow. Then the Russian winter hit with all its ferocity, bringing Hitler's war machine to a standstill.*

*Stalemated at Leningrad and Moscow, Hitler ordered his southern armies to attack toward Stalingrad. What happened there is history. One million Germans were lost in the military debacle that followed. It was to be the farthest point of the German advance —and the turning point of the war. After Stalingrad the German armies were to travel a downhill road to eventual defeat.*

*Like Xerxes in 480 BC, whose delay at the
battle of Thermopylae granted the Athenian fleet
time to gather and defeat him at Salamis, Adolf
Hitler in 1941 was so delayed in Greece and in
Crete particularly that he was forced to fight a
winter campaign in Russia. Hitler won his
"battle of Thermopylae" in Crete, but it was a
pyrrhic victory. The delay lost him the war in
Russia.*

*If the events that culminated in the battle of
Stalingrad marked the beginning of the end for
Adolf Hitler, then the events that took place on
Crete in May 1941 marked the end of the
beginning* (Kiriakopoulos, G, C. 1997 *Ten Days To
Destiny: The Battle for Crete, 1941*, Brookline,
Massachusetts, Hellenic College Press, Prologue, pp.
xii-xiii*).*

*The plan for the German attack was
completed after much arguing between General
Student and the Luftwaffe General Staff. A
compromise was finally arranged whereupon
the invasion would be divided into two phases.
The initial attack would be scheduled for early
morning on the western part of the island. The
other phase would follow later in the afternoon
when the second attack would strike the
defenders on the eastern half of Crete. Student
remained adamant that all objectives be
attacked simultaneously until Goering
interceded to establish the compromise that was
acceptable to all members of his staff.*

*The specifications of the final approved plan
dictated that a special Assault Regiment of
approximately 2,500 men, comprised of three*

*battalions of paratroopers and one battalion of glider troops, would strike the western part of Crete in the morning attack. The objectives of the men of this Assault Regiment would be the seizure of the airfield at Maleme village and its protective high ground— known locally as Kazvakia Hill— but destined to become famous during the battle as Hill 107.*

*The morning hours of May 20 witnessed a huge armada of 650 bombers and 500 transports, with 70 gliders in tow, leaving the airfields on the Greek mainland and heading for Crete. A little after 6:00 A.M., the bombers arrived over the island. For one whole hour, high-level bombers of Heinkel 111s, Dornier 17s, and Junker 88s, together with the dreaded Stuka dive bombers, shattered the peaceful, beautiful island of Crete with their bombs. It was the greatest concentration of aerial bombardment since the Battle of Britain* (Kiriakopoulos 1995 *The Nazi Occupation of Crete 1941–1945* Westport, CT, Praeger Publishers: p.5).

The battle for Crete
http://www.awm.gov.au/atwar/crete.asp

Cretan Federation of Australia and New Zealand
http://www.cretan.com.au/battle-of-crete/default.page.html

New Zealand History
http://www.nzhistory.net.nz/war/the-battle-for-crete

Princeton
http://www.princeton.edu/~achaney/tmve/wiki1 00k/docs/Battle_of_Crete.html

BBC
http://www.bbc.co.uk/history/ww2peopleswar/st ories/55/a4114955.shtml

Alf Smithard, WW2 People's War

*As a young man I served, was wounded and was a prisoner of war on Crete.*
*If it hadn't been for the Battle of Crete Germany would've won the war because for one thing we destroyed his paratroops, he never used them again after the Battle of Crete.*
*We also delayed the invasion of Russia by a few weeks, it wasn't the Russians that beat the Germans, it was their winter. They were at Stalingrad when they froze to death. They ought to have all bloody froze to death.*
*People don't realise that if it wasn't for what happened on Crete Germany would've won the war.*

BBC timeline
**http://www.bbc.co.uk/history/ww2peopleswar/tim eline/factfiles/nonflash/a1126432.shtml**

Audio of Stelios' story can be found here:

http://www.youtube.com/watch?v=GtqXl7_dMS4&feature=youtu.be

**http://www.youtube.com/watch?v=eHUAKxgLJUI&feature=youtu.be**

# The story

*Stelios Bervanakis*

♠♠♠♠♠♠♠♠♠♠♠♠♠♠♠♠♠♠♠♠♠♠♠♠♠

Στην πρώτη του μηνός Μαΐου 1942 ήρθε
μια πληροφορία στο χωριό μας που έλεγε
ότι μέχρι τις δύο η ώρα μετά τα
μεσάνυχτα το χωριό θα έχει κυκλωθεί
από παντού από πάρα πολλούς
Γερμανούς στρατιώτες. Κι αν βρεθεί το
παραμικρό θα κάψουνε το χωριό.Δεν
έμεινε κανείς μέσα στο χωριό.

On the first of May 1942, information
came to our village, some time before
two O'clock in the morning, that many
German soldiers would encircle the
village and that if anything suspicious
were found, no matter how trivial it was,
they would burn the village.

♠♠♠♠♠♠♠♠♠♠♠♠♠♠♠♠♠♠♠♠♠

Δεν έμεινε κανείς μέσα στο χωριό. Όλοι
οι άντρες του χωριού βγήκανε έξω. Μόνο
εμείνανε οι γυναίκες και τα παιδιά και οι

πολύ γερόντοι. Ό,τι είχε κάθε ένας σπίτι
του, όπλο ή ξέρω γω το'κρυψε.

No one stayed in the village. All the men
of the village fled. The only ones left
behind were women, children and the
elderly. Whatever they had in their own
houses, a rifle, or whatever, they hid it.

♠♠ ♠ ♠ ♠ ♠ ♠ ♠ ♠ ♠ ♠ ♠ ♠ ♠ ♠ ♠ ♠ ♠ ♠ ♠

Αλλά δεν ξέρανε όμως ότι το μέγεθος της
Γερμανικής εξόρμησης ήτο τόσο που
ήτο. Μερκοί μάλιστα δεν το πιστέψανε
κιόλας. Και ποιος το ξέρει! Αυτοί δε λένε
που θα πάνε και τι θα κάνουνε. Εμείς
όμως που εργαζόμαστε... είμαστε
υποχρεωμένοι να το πιστεύουμε και αν
ήταν ψέματα για να μην την πάθομε όταν
θα ήταν αλήθεια. Εβγήκαμε έξω. Εκείνες
τις μέρες κιόλας, τα τρία τελευταία
βράδια του Απρίλη επεριμέναμε στην
θέση Μανικά, στην περιοχή
Καλλικράτης, ένα αεροπλάνο να μας
φέρει τρόφιμα και διάφορα με
αλεξίπτωτο.

But they did not know however that the scope of the German invasion would be as large as it was. In fact, some didn't even believe it: Who could! We, the combatants, were obliged to believe so we would not suffer if it were true. So we left. At that time on the last three nights of April we had been waiting at Manika, (a location in the Kallikrati area) for a plane that would drop food supplies and other odds and ends.

♠♠ ♠ ♠ ♠ ♠ ♠ ♠ ♠ ♠ ♠ ♠ ♠ ♠ ♠ ♠ ♠ ♠ ♠ ♠ ♠

Εν τέλει το αεροπλάνο δεν ήρθε και φύγαμε. Εκείνο το βράδυ που ήρθαν οι Γερμανοί ήρθε και το αεροπλάνο. Κανείς δεν υπήρχε εκεί δια να του ανάψει την φωθιά.
Εγώ ήξερα τα σήματα, και όπως είχαμε πάει έξω απέναντι από το χωριό για να κρυφτούμε, ήταν εκεί άλλοι πεντέξι άνθρωποι. Σαν άκουσα το αεροπλάνο να τριγυρίζει και να μας ζητάνε, αψήφησα

τον κίνδυνο και ζήτησα από τους άλλους που ήταν εκεί αν κρατούσαν σπίρτα να ανάψω φωθιά, και να κάνω τα σήματα να μας ρίξει τα πράγματα. Κανείς από όλους που ήταν δεν κρατούσε φωθιά.

In the end the plane did not appear and we left. The same night that the Germans came, so did the plane. There was no one there to light up a fire signal. I myself knew the signals, and there were about five or six others at the hideout, which faced the village. As soon as I heard the plane circle around trying to spot us, I ignored all danger and asked the others in the hideout for matches, so I could light up a fire to signal to the plane to drop the things. But none of us was carrying matches.

♠ ♠ ♠ ♠ ♠ ♠ ♠ ♠ ♠ ♠ ♠ ♠ ♠ ♠ ♠ ♠ ♠ ♠ ♠ ♠

Εάν εκρατούσαν, το αεροπλάνο θα μας τα έριχνε και θα τα μαζεύαμε μόλις ξημέρωνε μαζί με τους Γερμανούς. Στο τέλος ένας βοσκός άναψε την φωτιά όχι εδώ, αλλά στον προορισμό τους και τα πράγματα έφτασαν σε εμάς. Οι Γερμανοί δεν είδαν τίποτα.

If someone had matches the plane would have spotted us, would have dropped the supplies and we would have collected them in the morning together with the Germans. Finally, a shepherd lit up a fire, not here, but at their actual destination, and they were dropped. The Germans saw nothing.

♠♠ ♠ ♠ ♠ ♠ ♠ ♠ ♠ ♠ ♠ ♠ ♠ ♠ ♠ ♠ ♠ ♠ ♠ ♠ ♠ ♠

Πραγματικά μετά από τα μεσάνυχτα ακούστηκε το ποδοβολητό των Γερμανών και οι πέτρες που έπεφταν με τα πόδια τους στις πλαγιές που κατέβαιναν και κατρακυλούσαν. Το πρωί από όλα τα σημεία το χωριό είχε κυκλωθεί από πολλούς Γερμανούς. Ήταν η μεγαλύτερη εξόρμηση και κύκλωση του χωριού μας, καθ' όλη την περίοδο της Γερμανοκατοχής. Ο Στέλιος Μπερβανάκης με τον Αντρέα Μαρκάκη είχαν κρυφτεί τη νύχτα πάνω από το χωριό στην πλαγιά του Πρινέ.

In fact, the stampede of the Germans was heard just after midnight as the stones fell under their feet and rolled down the slope. By dawn, the Germans had surrounded the village on all sides. It was the largest expedition and encirclement of the village we saw during the whole period of the German occupation. That night Stelios Bervanakis together with Andreas Markakis hid on the slopes of Priné (the mountain above the village).

♠♠ ♠ ♠ ♠ ♠ ♠ ♠ ♠ ♠ ♠ ♠ ♠ ♠ ♠ ♠ ♠ ♠ ♠ ♠ ♠ ♠ ♠

Εγώ ο Στέλιος, έσμιξα τον Αντρέα τον Μαρκάκη το βράδυ και πήγαμε κι ήπιαμε κρασί στο μαγαζί του Μανούσου του Μπαρμπούνη, του Κακομύτη. Αλλά ήπιαμε πολύ και του λέω εγώ θα φύγω. «Κάτσε» μου λέει, ο Αντρέας, και θα

φύγομε μαζί.»
Επήγαμε να γυρίσομε πάνω τα πρόβατα
του Αντρέα και να ανεβούμε κι εμείς στο
βουνό. Τα πρόβατα τα γυρίσαμε και
τράβηξαν προς το βουνό αλλά εμάς μας
είχε ζαλίσει το κρασί και λέμε:
«Μωρέ. Να κοιμηθούμε λιγάκι και μετά
θα ξυπνήσομε να ανεβούμε και εμείς.»
«Οϊ καημένε για δε ξυπνούμε μόνο να
πάμε εδά.»
«Οϊ κάτσε μα'γώ θα σε ξυπνήσω όντε
θέλεις.»
Εκοιμηθήκαμε και δεν ξυπνήσαμε. Το
πρωί, γρικώ'γω θόρυβο,
χαλιμπουρδίσματα, Γερμανοί
κουβεντιάζανε κλπ, κι ανασηκώνω και
θωρώ γεμάτο κόσμο Γερμανούς.
«Σκύλε» του λέω, «Γερμανοί!»

I myself, Stelios, joined Andreas
Markakis in the evening and we went and
drank at the shop of Manousos
Barbounis—nicknamed Kakomitis.
But we drank a lot and I told him, 'I'm
leaving.'

'Sit down,' said Andreas, 'and we'll leave
together.' We rounded up Andreas' sheep
(in order to herd them up the mountain
where we would also stay). We herded
the sheep that way but we were slightly
tipsy so we said:
'Let's take a nap and when we wake up
we'll go up the mountain ourselves.'
'Oh poor fellow! Better not because we
won't wake so let's go now.'
'No, stay here and I'll wake you up when
you want.'
We went to sleep and didn't wake up in
time. In the morning I heard noises,
turmoil, Germans talking, etc.; I looked
up to see the whole area filled with
Germans.
'Bastard.' I said to him 'Germans!'

♠♠ ♠ ♠ ♠ ♠ ♠ ♠ ♠ ♠ ♠ ♠ ♠ ♠ ♠ ♠ ♠ ♠ ♠ ♠ ♠ ♠

Κι ώστε να του πω Γερμανοί αυτός δεν
κρατούσε τίποτα, εγώ εβάστουνα
τουφέκι, εβάστουνα φυσέκια, εβάστουνα
κείνου του αξιωματικού και του Άγγλου

μια σιτιοδόχη γεμάτη χαρθιά, και ρούχα του εκράτουνε μαζί μου. Αμουντέρνω και πετώ το τουφέκι. Μέσα σε ένα κλαδί πετώ το τουφέκι και την ξιφολόγχη και τα φυσέκια όλα μέσα στο κλαδί.

And before I could finish my words, Andreas who didn't have anything on him, went towards the gullies and fled unnoticed. I had on me a rifle, cartridges and a briefcase full of papers and clothes belonging to an English officer. I rushed out and threw the rifle and the bayonet and the cartridges and everything else into a bush.

♠♠ ♠ ♠ ♠ ♠ ♠ ♠ ♠ ♠ ♠ ♠ ♠ ♠ ♠ ♠ ♠ ♠ ♠ ♠ ♠ ♠

Παίρνει ο Αντρέας απάνω και ήτονε φαρραγούλι, χαράδρα, κι εμπήκε την χαράδρα και δεν τον αντιληφθήκανε. Λοιπόν απείς έχωσα 'γω το τουφέκι και κλπ, είπα να βγω εγώ από δω σιγά- σιγά, οι Γερμανοί περνούν από πα από την κάτω μεριά, επερνούσανε πέρα και πόδε,

αλλά πάρα πολλοί Γερμανοί όμως ήτανε
κατά τσι Μπαμπακιές, τσι Βαθυλάκκους.

Andreas makes his way up via a small
gorge to a larger one, without being
noticed. Well, after throwing out the rifle,
I finally come out of there very slowly;
the Germans were all around and many of
them were towards Babakies, at
Vathilakkous.

♠♠ ♠ ♠ ♠ ♠ ♠ ♠ ♠ ♠ ♠ ♠ ♠ ♠ ♠ ♠ ♠ ♠ ♠ ♠

Λοιπόν έγερνα κι εγώ και εβγήκα κι εγώ
απάνω. Αλλά ύστερα, όταν εξεκόρφιζεν
αυτός απάνω τον είδανε οι Γερμανοί με
τα κιάλια από πά από την Περβολέ (μέσα
από το χωριό) είχανε τα πολυβόλα
στελιωμένα και τον αρχίζουν με τα
πολυβόλα. Ωστόσο ήσαν και άλλοι εκεί
κοντά και εκοιτάζανε και με θωρούν και
μένα.
Εφωνιάζανε κι όμως εγώ την πρώτη
φορά δεν εσταμάτουνε, αλλά επέφτανε
σαν την βροχή οι σφαίρες κι αμουντέρνω

και βάνω ένα γυλιό που κρατούσα
ακόμη, από κάτω απ' ένα κλαδί, έναν
ασπάλαθο, κι απόης είπα,
«Αν σταθώ επαέ θα περάσουν από' κει
για να 'ρθουν και θα δούνε και το
τουφέκι που το 'χω εκεί χωσμένο που
μόνο πως το πέταξα έτσιγέ, και βούλησε
το τουφέκι μέσα στο κλαδί. Τότε θα
κάψουν και το χωριό και θα με
σκοτώσουν κι εμένα.»

Well, I went round and emerged above
them. But as soon as Andreas reached the
top of the mountain the Germans spotted
him with their binoculars and they started
shooting at him using the machine guns
they had installed at Pervoli (an area in
the village). In the meantime, there were
other Germans around watching and they
spotted me.
They shouted but I did not stop, but the
bullets fell like rain and I using a branch I
held up in front a knapsack and said to
myself:

'If I stand here because they will pass and come and see where I threw it hanging on the branch, because it is sticking out. Then they will burn the village and they will shoot me.'

♠♠ ♠ ♠ ♠ ♠ ♠ ♠ ♠ ♠ ♠ ♠ ♠ ♠ ♠ ♠ ♠ ♠ ♠ ♠ ♠ ♠ ♠

Έκαμα παντοίους τρόπους και γύρισα από την άλλη μεριά να μη με βρουν ανεβαίνοντας από άλλο μέρος. Κι όμως επροβέρνανε άπου το Κοπράνι κι άλλοι και μου βάνουνε μια μπαταρία και στένομαι σε μια πέτρα από πίσω, και μου παίζανε εκειδά κι ήρθαν και με πιάσανε.

I tried several ways to go back to make it look like I was coming from somewhere else. But at that point they came forward from Koprani and let loose a battery at me. I stood behind a rock and they played with me there and they came and caught me.

"...αμουντέρνω και πετώ το τουφέκι
και την ξιφολόχη μέσα σ' ένα κλαδί!..."

*I rushed out and threw the rifle and
the  bayonet and the cartridges and everything
else into a bush.*

♠♠ ♠ ♠ ♠ ♠ ♠ ♠ ♠ ♠ ♠ ♠ ♠ ♠ ♠ ♠ ♠ ♠ ♠ ♠ ♠ ♠

Και μ' αρπά ο ένας από πα, κι άλλος από
κει, και παίζανε μπαλωτές από γύρου
γύρου, και σκοτώσανε κι ένα Λελέ στο
Φουρρουρέ ετότες. Και παίζανε
πυροβολισμούς γύρου- γύρου και
νομίζανε αυτοί ότι γίνεντονε πόλεμος, κι
ελέγανε,
«Παρτιζάν, παρτιζάν», ελέγανε ο είς τ'
άλλου τους και ξανοίγανε πέρα και πόδε.

One seized me here and another there and
bullets splayed all round and then they
shot a Lele from Vourvouré. Bullets
sprayed everywhere and they thought war
had begun and they said, 'Partisan,
Partisan,' one to the other, and looked
everywhere.

♠♠ ♠ ♠ ♠ ♠ ♠ ♠ ♠ ♠ ♠ ♠ ♠ ♠ ♠ ♠ ♠ ♠ ♠ ♠ ♠ ♠

Και με βάστανε ο ένας από τον λαιμό κι
ο άλλος από τον γιακά, και με
κατεβάζανε αλλά ήτονε γκρεμνός και

κοιτάζανε να κατεβούνε από κιά απούχα
το τουφέκι πεταμένο από τ' αυλοχαίκι
κάτω. Κι όμως τονε λέω εγώ, «Γρεμνός,
γρεμνός» τονέ λέω. Και τσοι πήγα από
την άλλη μεριά από το στρατάκι και τσοι
κατέβασα κάτω.

And one held me by the neck the other by
the collar and they knocked me down but
it was a gorge and they looked to get
down from where I had thrown the rifle
down on the small pathway. However I
said, 'Too steep, too steep,' and I took
them from another place other than the
path and we descended.

♠♠ ♠ ♠ ♠ ♠ ♠ ♠ ♠ ♠ ♠ ♠ ♠ ♠ ♠ ♠ ♠ ♠ ♠ ♠ ♠ ♠ ♠

Είχα κι ένα σχοινοκαθαριστήρα αγγλικού
όπλου στη τσέπη μου κι είχα ξεχάσει να
τονε πετάξω τοτεσάς. Αλλά είχενε ένα
τρυπαλάκι η τσέπη του παντελονιού μου,
κι όντεν ήμουνε ίδια στον πόρο του
σπήλιου στσ' ελιές γρικώ το
σχοινοκαθαριστήρα και βολόσερνε ντον

επαγέ στα πόδια μου και το θυμήθηκα. «Εδά την έπαθα» είπα γω. «Εδά θα με σκοτώσουνε επι τόπου.»

Αλλά εκιά που με βολοσέρνανε αυτοί, εξανοίγανε πέρα πόδε και δεν εξανοίγανε χάμες, κι ετσά που ο σχοινοκαθαριστήρας εβολόσερνε χάμε τονέ πατώ με τον άλλο μου πόδα και απομένει κάτω.
Δεν είδαν πράμα. Ύστερα δα με πετσοτανίζανε εμένα, με βολοσέρνανε κι επήγαν και πιάσανε μετερίζι, ήτονε ένας τοίχος και πέσανε πρυμηδόν στον τοίχο και με θέκανε κι εμένα μπρούμητα και γονατίσανε απάνω μου, κι όπου θωρούσανε και καπνίζανε οι σφαίρες των άλλων που ρίχνανε έβαναν κι αυτοί ύστερα.

I also had a British rifle cleaner, in my pocket, and I had forgotten to throw it away; but there was a hole in my pocket, and when we were by the opening of this cave I saw the rifle cleaner at my feet. 'Now I've had it.' I said, 'Now they are

going to kill me on spot.'
But there where they frogmarched me
they looked forward and didn't look
down and I pushed it down with my other
foot. They didn't see a thing.
After they rough-handled and
frogmarched me and led me by the nose
they took cover at an old wall, and
everyone was lying flat on his stomach
and they brought me to my knees and
they returned fire whenever they saw
bullet smoke.

♠♠ ♠ ♠ ♠ ♠ ♠ ♠ ♠ ♠ ♠ ♠ ♠ ♠ ♠ ♠ ♠ ♠ ♠ ♠ ♠

Ήτανε πάνω στην κορφή του βουνού ένα
τρουλί από πέτρες κι ετσά απού γύρισα
την κεφαλή μου να δώ, θωρώ και
καπνίζανε οι σφαίρες εκιά απάνω εις το
τρουλί. Και των νε κάνω γω, « πέτρες,
πέτρες, πέτρες».
«Ά! Ά! Ά!» Λένε αυτοί κι απόις
εγελούσανε και ξάνοιγεν ο γ'ης τον άλλο
τους. Και μ' άφηκαν και σηκώθηκα και
γω τότε σας. Αυτοί ήτανε θεριά και με

πλακώνανε με τα γόναταντωνε εκιά να με
τελειώσουνε.

Just below the top of the mountain there
was a dome made of rocks and when I
craned my neck to see I saw bullet smoke
above the dome. What could I do—I
started shouting 'rocks, rocks, rocks'
'A, A, A,' they said after they were
tricked and the earth fell on them. And
they left me and I got up then. They were
wild creatures and they crushed me with
their knees and came close to finishing
me off.

♠♠ ♠ ♠ ♠ ♠ ♠ ♠ ♠ ♠ ♠ ♠ ♠ ♠ ♠ ♠ ♠ ♠ ♠ ♠ ♠ ♠ ♠

Ύστερα δά απείς επάψανε κλπ, πήρανε
όλους τους ανθρώπους που βρήκανε στο
χωριό και τσι πήγανε στην εκκλησία, και
με πήρανε και εμένα και με πήγανε στην
εκκλησία. Μετά λοιπόν απού την
εκκλησία τσ'αφήκανε ε όλους, και με
πήρανε εμένα και με πήγανε στην
Αργυρούπολη. Μ' ανακρίνανε στην

Αργυρούπολη πέντεξι μέρες, και μου λέγανε πως ήτονε Άγγλος λέει κείνος απού'φυγε και εγώ των είπα την αλήθεια.

Then they took everyone they found in the village to the church and they took me to the church too. Afterwards they let everyone else free and took me to Argyroupolis. They questioned me for five days and they said that the man who escaped was an Englishman, and I told them the truth.

♠♠ ♠ ♠ ♠ ♠ ♠ ♠ ♠ ♠ ♠ ♠ ♠ ♠ ♠ ♠ ♠ ♠ ♠ ♠ ♠ ♠

Τωνέ λέω ότι ήτονε κάποιος Μαρκάκης και δεν εβάστανε παπίρα (ταυτότητα) εστιριζόμουνε κι εγώ πως δεν εβάστουνε παπίρα και φοβηθήκαμενε κι εξανοίγαμε να φύγωμε. Κι όμως, «Ίγγλις» λέει, «Ίγγλις», εφόριενε θερινά ρούχα. «Όχι», του λέω. «Ήτον ο Αντρέας Μαρκάκης και δεν εβάστανε παπίρα (ταυτότητα) και κοιτάξαμε να φύγομε.»

«Κι εκεί τι εγυρεύετε;»
Ήτανε εκιά κατσίκες και στηριχτήκαμε
ότι εκοιτάζαμε τσι κατσίκες.
«Τσι κατσίκες,» του λέω, «τσι κατσίκες
εβλέπαμε.»

It was someone called Markakis and he
didn't have any legal papers, I didn't have
any papers and I tried to escape because I
didn't have papers and we were afraid and
tried to flee.
But he said, 'Inglis, Inglis,' he was
dressed in summer clothes.
'No,' I told him. 'It was Andreas
Markakis and we didn't have any papers
and we tried to run away.'
'And what were you doing there?'
There were some goats in that place and I
told him we were looking after them.

♠♠ ♠ ♠ ♠ ♠ ♠ ♠ ♠ ♠ ♠ ♠ ♠ ♠ ♠ ♠ ♠ ♠ ♠ ♠ ♠ ♠

Εν τέλει, μ' ανακρίνανε εκειδά πέντέξε
μέρες κι απόις με πάνε στο Ρέθυμνος. Εις
το Ρέθυμνος έκαμα 25 μέρες στην

απομόνωση, στο κρατητήριο, και με βγάνανε κάθα μέρα και μ'ανακρίνανε, αλλά εγώ όλο τα ίδια ήλεγα, όλο τα ίδια ήλεγα, και τελευταία με πάνε απάνω στις φυλακές. Με πήγανε στσι φυλακές κι έκαμα πέντε μήνες.

In the end they questioned me for five–six days and then they moved me to Rethymnon. In Rethymnon I spent twenty five days in solitary confinement and everyday they took me out of my cell to question me and I always said the same things. In the end they took me to the prison and I did five months.

♠ ♠ ♠ ♠ ♠ ♠ ♠ ♠ ♠ ♠ ♠ ♠ ♠ ♠ ♠ ♠ ♠ ♠ ♠ ♠ ♠

Και στσι πέντε μήνες εσηκώθηκα μια πρωϊνή και θωρούμενε ένα χαρτί στην πόρτα γραμμένο Ελληνικά κι εγράφενε «Στυλιανός Μπερβανάκης, Μανώλης Λυρώνης, οχτώ άτομα. Από'δω και στο εξής, είναι Γερμανοκρατούμενοί και απαγορεύεται να βγουν έξω σε εργασία.»

Και μασεμασε βάνουν στην απομόνωση,
την αυγή έρχουνται αυτοί, οι
«πεταλάδες» και μασεμασε βάνουν σ'
ένα αμάξι και μασεμασε πάνε στην
Αγυιά. Στις φυλακές. Και μασεμασε
βάνουν πάλι στην απομόνωση και κάνω
15 μέρες. Δεν μασεμασε δίδανε τίποτα,
μόνο εβράζανε φλισκούνια και μασεμασε
δίδανε χωρίς ζάχαρη. Και μασεμασε
βάναν και λιγάκι ζουμί και το τρώγαμε.
Λιγάκι ζουμί κι ένα ψιχάλι ψωμί, λίγο
τόσονέ.

After five months, I woke up one
morning and saw a notice pinned to the
door. It was written in Greek and said,
'Stylianos Bervanankis, Manolis
Lyronis–eight persons. From now on in it
is a German occupied territory and it is
forbidden to go out to work.'
And they put us into solitary confinement
and in the morning they came and put us
in a car,took us to Ayia, to the prison.
And they put us into confinement again
and I did another fifteen days. They

didn't give us anything to eat except boiled herb tea without sugar. And they gave us some broth, which we ate. A little broth and a scrap of bread.

♠♠ ♠ ♠ ♠ ♠ ♠ ♠ ♠ ♠ ♠ ♠ ♠ ♠ ♠ ♠ ♠ ♠ ♠ ♠ ♠ ♠ ♠

Ναι, λοιπόν μασεμασε βάνουν πάλι σε ένα αυτοκίνητο, και μασεμασε πάνε στην Σούδα. Ήτονε στόλος Ιταλικός επαέ μια νηοπομπή, και μασεμασε πάνε στον Πειραιά. Απού τον Πειραιά μασεμασε πάνε στ' Αβέρωφ και μασεμασε πήραν πάλι ανακρίσεις, κι από κεί μασεμασε πάνε στο στρατόπεδο στο Τατόι. Αλλά ήτονε κόλαση, κόλαση.

They put us into a car again and they took us to Souda. There was an Italian fleet there, a convoy. They put us on a ship and they took us to Piraeus. From Piraeus they took to the Averof and they questioned us again and from there they took us to the army camp at Tatoi. That was hell. Hell.

♠♠ ♠ ♠ ♠ ♠ ♠ ♠ ♠ ♠ ♠ ♠ ♠ ♠ ♠ ♠ ♠ ♠ ♠ ♠ ♠

Ραβδί κάθε μέρα, δουλειά, ραβδί,
απολυταρές. Και έκαμα εκειδά τριάμιση
χρόνια. Αλλά στα τριάμιση χρόνια, με
πήγανε δυό βολές. Από φαϊ δεν ήτονε
άλλο τίποτα όξω μόνο εκείνη τη σκόνη
εβράζανε, «κοκορόσουπα» την λέγαμενε
εμείς, σκόνη και εβάνανε και έβλεπες
από εκατό ένα θενα δεις ένα φασόλι
δηλαδή. Δηλαδή δεν σου χρειαζότανε
μούδε κουτάλι, μούδε τίποτα. Έτσι το
πίναμε. Έτσι το πίναμε. Κατά τσι δώδεκα
μας εδίδανε τούτονε το ζουμί. Το πρωί
μας εδίδανε καφέ
Hard work, every day work, stick, work,
stick. I stayed there for three and a half
years. The food there was nothing other
than powdered chicken stock so that you
did not need a spoon to eat it, nothing.
We drank it like that. They used to give
us that soup at noon. In the morning they
made a kind of coffee for us.

♠♠ ♠ ♠ ♠ ♠ ♠ ♠ ♠ ♠ ♠ ♠ ♠ ♠ ♠ ♠ ♠ ♠ ♠ ♠ ♠ ♠

Οι κρατούμενοι του στρατοπέδου ήτονε 350. Αν είχε ποθάνει αποσπέρας κάποιος το πρωϊ επηγαίναν και μαζεύανε και το συμπληρώνανε από άλλο στρατόπεδο. Ήτονε εργαζόμενο το στρατόπεδο και απαγορεύετο να τουφεκίζουνε στο Τατόϊ. Στο Χαϊδάρι τσι τουφεκίζανε, στο Τατόϊ δεν τσι τουφεκίζανε.

There were 350 men in the camp. If someone happened to die in the evening they made up the numbers from other camps in the morning. It was a labour camp and shootings were forbidden, at Tatoi. They shot people in Haidari; in Tatoi they did not shoot them.

♠♠ ♠ ♠ ♠ ♠ ♠ ♠ ♠ ♠ ♠ ♠ ♠ ♠ ♠ ♠ ♠ ♠ ♠ ♠ ♠

Ο στρατοπεδάρχης ο Γερμανός όταν επρωτοπήγα τον είχανε ονομάσει *Τίγρη*. Από᾽κιά που ήτονε κακός τον είχανε ονομάσει *Τίγρη*. Αυτός θε να πάης να

εργάζεσαι και θενάρθει από πάνω σου
και καμιά φορά θενά σου βρεί αφορμή να
σου γρυλώσει τα μάτια ντου και να
σ'αρχινίζει τσι καρπαζιές. Αν είχε
δουλεύεις πριόνι και δεν το δούλευες
καλά και σ'έτρωε. Μασε σκότωνε στο
ραβδί ο ίδιος ο στρατοπεδάρχης.
Υπολοχαγός ήτονε. Το όνομά του δεν το
κατέω, μόνο *Τίγρη* τον είχανε ονομάσει.

When I first went, the camp head was a
German called *Tiger*. They had named
him *Tiger*. Because he was bad. He was
the sort of guy to come at you while you
were working, find some pretext and start
beating you. If you were working with a
saw and you were not doing it properly,
he'd beat you to within an inch of your
life.
He was a lieutenant. I don't know his
name; only that he was called *Tiger*.

♠♠ ♠ ♠ ♠ ♠ ♠ ♠ ♠ ♠ ♠ ♠ ♠ ♠ ♠ ♠ ♠ ♠ ♠ ♠ ♠ ♠

Εκάθιζενε και στρατοδίκης στου

Αβέρωφ, κι όσοι περνούσανε τσι τουφέκιζενε. Δεν άφηνε κανένα. Είχενε δε αν είχε κανείς επισκέψεις είχε απαγορέψει τα επισκεφτήρια. Μια φορά ήρθανε και στέκανε απ' όξω και φωνιάζανε και έπιασε και τσέφαεν όλους στο ραβδί κιαπόις επέταξεν ούλα τα πράματα πέρα. Τον Εθνικό Ερυθρό Σταυρό απαγόρεψε. Κανείς δεν ήξερε τι γίνεται μέσα. Τίποτα δεν ηξέρανε τι γίνεται! Ενάμιση χρόνο που έκαμεν αυτός. Λοιπόν τον ενάμιση χρόνο που έκαμε οι πλείστοι καταστραφήκανε με το ραβδί και με τσι κακουχίες, εποθάνανε είχα έρθει σ'ένα σημείο που δεν έχει μείνει το ένα τρίτο.

He sat on the Military court at Avefor prison and whoever passed through was shot. No exceptions. No visitors were allowed. One day he comes and shouts for everyone to leave their cells. He flogs everyone and then throws their things away. He forbade the National Red Cross. No one knew what happened inside. He did one and a half years. Well during those one and a half years the beatings and the privations killed most men. At one point I was less than a third my usual weight.

♠♠ ♠ ♠ ♠ ♠ ♠ ♠ ♠ ♠ ♠ ♠ ♠ ♠ ♠ ♠ ♠ ♠ ♠ ♠ ♠ ♠ ♠

Λοιπόν μια φορά τονε μεταθέτουνε. Στον ενάμιση χρόνο, κι έρχεται ένας Αυστριακός πάλι υπολοχαγός. Όλο υπολοχαγό είχενε διοικητή το στρατόπεδο. Έρχεται ένας Αυστριακός, ο οποίος ήτονε πολύ καλός άνθρωπος. Σαν ήρθε μας συγκέντρωσε και μας έβγαλε λόγο και μας λέει,
«Κατά πρώτον μας είπε ότι εμείς εδώ δεν ήρθαμε ως κατακτητές. Εσείς οι Έλληνες, το φως ς που δόθηκε στον κόσμο εσείς το δώκετε και δεν ήλθαμε σαν κατακτητές. Ήρθαμε να διώξομε τον εχθρό.»
Είπε τέλος πάντων πολλά και πολλά κι ύστερα μας σέ λέει,«Θέλω να μου πει ο καθένας σας του τόπου του ένα

...ἕνα χαρτί στην πόρτα των φυλακών. Ἔλεγε: "Στυλιανός Μπερβανάκης... Μανόλης Λυρώνης... ἂνθρωποι..."

*...and saw a notice pinned to the door. It was written in Greek and said, 'Stylianos Bervanakis, Manolis Lyronis–eight persons*

τραγούδι.» Λοιπόν ετραγουδήσανε όλοι. Και Κρήτες και από πάνω. Δεν τούδινεν εντύπωση μεγάλη όξω ένας Αλέκος Τζαβέλας από τα Γιάννενα ήταν ανθυπολοχαγός, κι ήταν έξυπνος κι ετραγούδηξε του Γέρο Δήμου το τραγούδι. Όταν ετραγουδούσε τον Γέρο Δήμο λέει, «Προσοχή παιδιά.» Κι εχαιρέτανε κι αυτός, και χαιρετούσαμε εκιά όλοι. Ετότες μας είπε ότι το πρώτο φως απού δόθηκε κλπ.

Well there came a time when they moved him and an Austrian lieutenant came to his place. They were all lieutenants, the camp chiefs. He was a very good man. When he arrived he gathered all of us together and said, 'We do not come here as conquerors.'
'You the Greeks,' he said, 'gave the light of civilization to the world. You gave it. We did not come as conquerors. We came to expel the enemy.' Then he said a lot more and then, 'I want each one of you to tell me one of the songs of your

own part of Greece.' So we all started
singing songs from Crete and the
mainland.

He was not impressed by anyone except
for Alekos Tzavelas, from Yianina, a
sub-lieutenant who sang the song of Yero
Dimou. When he sang this song of Yero
Dimou he said, 'Listen pay attention
guys.' So we saluted him and we saluted
each other. Then he said, 'You gave us
the light,' etc.

♠♠ ♠ ♠ ♠ ♠ ♠ ♠ ♠ ♠ ♠ ♠ ♠ ♠ ♠ ♠ ♠ ♠ ♠ ♠ ♠

Λοιπόν έκαμε αυτός λίγο καιρό. Έκαμε
ένα διάστημα και απείς ήρθεν αυτός
επίτρεψε τα επισκεφτήρια. Και κατά
πρώτα επίτρεψε τον Ερυθρό Σταυρό. Ο
Ερυθρός Σταυρός ήρθε και μας έφερνε
δέματα. Ήρθε και ο Μητροπολίτης (ίσως
Αρχιεπίσκοπος) κάθε δεκαπέντε, ο παπάς
μας έφερνε κάθε εβδομάδα ένα χαρτάκι
ελιές, λιγάκι τυρί, δυο αυγά, ένα ψωμάκι
σαν την αρτοπλασία, βούτυρο, τέτοια.
Μας έφερνενε και ο Ερυθρός Σταυρός

κάθε 15 ένα δέμα.
Ένα μεγάλο δέμα μας έφερνε. Από κείνα
που φέρνανε καμιά φορά κι εδώ, κι
είχανε μέσα ζάχαρη, είχανε τυρί είχανε,
μαρμελάδα. Είχανε διάφορα πράματα.

Well he stayed for a while. He allowed
visitors and the Red Cross. So the Red
Cross came and gave us parcels. Then
came the Metropolitan, or he might have
been the Archbishop, every fortnight, and
a local priest used to come every week
and bring us a little parcel with olives, a
little cheese, two eggs and bread roll like
that used for *artoplasia* (for communion)
butter, such things.
Every fortnight the Red Cross brought us
a parcel. A big parcel which contained
sugar, cheese, jam, all sorts of things.

♠♠ ♠ ♠ ♠ ♠ ♠ ♠ ♠ ♠ ♠ ♠ ♠ ♠ ♠ ♠ ♠ ♠ ♠ ♠ ♠

Ναι λοιπόν ύστερα φεύγει αυτός κι
έρχεται ένας Γερμανός. Ήρθεν ένας
Γερμανός ανθυπολοχαγός κι ήτονε λέει

αιχμάλωτος εις την Γαλλία στον πρώτο
Ευρωπαϊκό πόλεμο. Ήτονε κι αυτός
καλός άνθρωπος. Πολύ καλός άνθρωπος.
Και τότε που ήρθεν αυτός μου λέει ένας
διερμηνέας που ήταν εκιά Εβραίος, αλλά
είχενε αλλαξονοματιστεί και τονε λέγανε
Νίκο.
«Λοιπόν,» μου λέει μια μέρα, ήμουνε να
πεθάνω να πούμε νε και μου λέει,
με είχανε στ' αμάτι και με δέρνουν κάθε
μέρα, «γιατί δεν πιάνεις μωρέ,
κακομοίρη, να κάμης μιάν αναφορά που
εδά είναι ο Διοικητής καλός και
απολυούσανε πολλούς κιόλας, και
ενδεχόμενον να σε έχουνε λησμονήσει.
Να κάμεις μιάν αναφορά να λέεις ότι,
«δεν ξέρω γιατί βαστούμαι εγώ. Απού
εγώ δεν έκανα και τίποτα στους
Γερμανούς κλπ.»

Well the Austrian went and a German
came in his place. This one had been a
prisoner in the first European War. He
was a kind man too.
And when he arrived, one of the

interpreters who was Jewish but had changed his name to Nikos, one day as I was close to death, he asked me (they kept me in the dark and beat me every day) 'why you poor man, why don't you make an application, now there is a good camp chief and they have freed many already, apply saying, I don't know why they hold me since I never did any harm to the Germans etc.'

♠♠ ♠ ♠ ♠ ♠ ♠ ♠ ♠ ♠ ♠ ♠ ♠ ♠ ♠ ♠ ♠ ♠ ♠ ♠ ♠ ♠ ♠

Πιάνει αυτός μου κάνει την αναφορά, την υποβάνω εγώ, και το πρωί με καλεί και πάω μαζί με τον διερμηνέα.
Και του λεγα δα γω ότι είχα τότε σχεδόν δυο χρόνια κάμει. Του λέω από κείνους απου ήρθαμε μαζί όσοι ζήσανε, εκειδα και απολύσατε πολλούς κι εμένα δεν ξέρω γιατί με κρατήτε, που εγώ δεν έκαμα και κακό στους Γερμανούς.
Εκούνιε την κεφαλή του και μπαίνει μέσα. Φέρνει μια χάρτα, κι εφυλλολόγα, κι εφυλλολόγα, και βρίσκει τ'όνομά μου.

Ύστερα μου λέει,
«Εσύ απου την ημέρα που πέσαν τση
κατοχής τα στρατεύματα, δεν έπαψες να
οπλοφορείς και να ανακατεύεσαι με
Ιγγλις.»
Τούλεγα γω, «Νίξ.»

He wrote the application for me and I
submitted it and in the morning they
asked me to go together with an
interpreter.
I said to him that since I arrived many
had been released. And I don't know why
you keep me here when I never did
anything bad to the Germans.
He shook his head and went inside. He
brings a file and searches and searches
and finds my name. After he tells me,
'From the day German forces entered the
country you did not stop carrying a gun
and mixing with the English.' I told him,
'Nix.'

♠♠ ♠ ♠ ♠ ♠ ♠ ♠ ♠ ♠ ♠ ♠ ♠ ♠ ♠ ♠ ♠ ♠ ♠ ♠ ♠ ♠

«Ε! τι μου λέεις νίξ;»
«Εγώ δεν ξέρω. Οι διοικητές οι δικοί σας
έχουν γράψει αυτά τα πράγματα. Και δεν
ξέρω εγώ τι έκαμες. Παρά αυτοί ξέρουν.
Και είσαι δικασμένος μέχρι το τέλος του
πολέμου. Μέχρι να τελειώσει  ο
πόλεμος.»

He said, 'Why do you say 'nix' to me. I
do not know what you have done. Your
kinfolk have written these things. I don't
know what you did but they do. And you
are sentenced till the end of the war.'

♠♠ ♠ ♠ ♠ ♠ ♠ ♠ ♠ ♠ ♠ ♠ ♠ ♠ ♠ ♠ ♠ ♠ ♠ ♠ ♠ ♠

Λοιπόν.  Έκατσε εκείνος ένα διάστημα
τότε. Εγώ ήμουν σε ελεεινή κατάσταση
και με βγάνανε στην εργασία. Δεν
εμπόρουνε ούτε να εργαστώ, ούτε να
περπατώ.  Μια μέρα έβρεχε κι έκανε
βροχή, πολύ βροχή και με είχανε στη
δουλειά, και με πηγαίνουν αμπωχτό, κι

αμπωχτός ηρχόμουν.

Ήταν Ιταλοί και μας πιένανε στην δουλειά.

Λοιπόν μια φορά άρχιξε μια μεγάλη βροχή κι έβρεχε και μασεμασε δίνουνε τρεχάλα, τρεχάλα νάρθωμε στο στρατόπεδο, αλλά εγώ δεν εμπόρουνε ούτε να περπατώ και μ' αφήσανε σ' έναν Ιταλό και μ'έφερνε. Παρά πάνω ήτονε ένα στρατάκι κι έτρεχε νερό και πάω να περάσω το χαντακάκι και πέφτω μέσα. Πάω να στηριχτώ στα χέρια μου να σηκωθώ μα δεν είχα την αντοχή και ξαναπέφτω πάλι. Πιάνει λοιπόν ο Ιταλός και με σηκώνει κι απόις βλαστήμανε ο Ιταλός. Εγροίκαν κι λεγε. «Πόρκα Μαντόνα, Πόρκα μαντόνα,» εβλαστήμα την Παναγία ούλη την ώρα.

This superintendent stayed on a while. I was in a miserable state but they still, nevertheless, took me out to work. I could not work or walk. One day they took me out and it was raining, much rain.

They were Italians and they put us to work. Once there was a big downpour and we took flight to reach the camp. But I could not walk, and they left me behind with an Italian. Above was a narrow path running with water and I tried to get to it, but I slipped and fell. I tried to reach up to grab hold but I fell again.

Well the Italian pulled me out saying, 'Porka Mantona, Porka Mantona' (screw the Holy Mother). He cursed the Holy Mother all the time.

♠♠ ♠ ♠ ♠ ♠ ♠ ♠ ♠ ♠ ♠ ♠ ♠ ♠ ♠ ♠ ♠ ♠ ♠ ♠

Ύστερα δα με πάει στο στρατόπεδο με τα τόσα βάσανα, κι έρχεται ο στρατοπεδάρχης γιατί ήτονε υποχρεωμένος και τσοι παραλαβαίνανε στην πύλη και λέει ο Ιταλός του στρατοπεδάρχη.
«Τι τονε βγάνεις αυτό να τονέ κάνεις. Αυτός πεθαίνει. Ήντα τονε βγάνεις?»
Εμείς τονε βαστούμε στα χέρια μας και

πάμε κι ερχομέστανε.
Ύστερα διατάσουνε και λένε,
«Να τονε πάτε στο νεκροθάλαμο.»

Afterwards he carried my dead weight to
the camp. The supervisor came because
he was obliged to and they reached the
gate.
The Italian said, 'Why do you keep him?
He's dying! What do you want from him?
We carry him everywhere. ' After a while
he says,
'Take him to the Death Chamber.'

♠ ♠ ♠ ♠ ♠ ♠ ♠ ♠ ♠ ♠ ♠ ♠ ♠ ♠ ♠ ♠ ♠ ♠ ♠ ♠ ♠

Όσοι ήσανε ετοιμόρροποι για να
πεθάνουνε τσοι πηγαίνανε στο
νεκροθάλαμο. Λοιπόν με πάνε στο
νεκροθάλαμο, μια τριανταρέ νομάτοι
(άτομα) ήτανε 32 κι επήγα και γώ
τριαντατρείς. Ύστερα λοιπόν εντράκαρε
και χιόνιζε. Μας είχανε σε μια παράγκα
και μας είχανε ένα τσουβάλι άδειο και
μια κουβέρτα. Μια παλιό κουβέρτα. Και

μας είχανε και μια φόρμα που την
φορούσαμε αλλά δεν έστενε ούτε αέρα
ούτε τίποτα.

They took me to the Death Chamber.
There were thirty-two people and I was
the thirty-third.
Well after that it rained and snowed.
They had us in a shed, we were given an
empty sack, and a blanket an old cover.
And they gave as overalls, which we
wore. But there was no room for either
air or anything.

♠♠ ♠ ♠ ♠ ♠ ♠ ♠ ♠ ♠ ♠ ♠ ♠ ♠ ♠ ♠ ♠ ♠ ♠ ♠ ♠

Εθέταμε λοιπόν εκεί πέρα,
μεσοποθαμένοι, κι εποθαίναμεν ύστερα.
Κάθε δυο, τρεις ημέρες επόθαινε ένας.
Εποθαίνανε, εποθαίνανε και τελευταία
απομείναμενε δυό.
Εγώ κι ένας από την Χίο, Φιαράς,
ελέγεντονε. Λοιπόν ήρχεντο ένας
Γερμανός ένας λοχίας και θενά δεί τσοι
ποθαμένους. Αν αδειάσανε οι ποθαμένοι.

Να σταθεί από πάνω ντου κι απόις εγέλα
κι έλεγε.
«Ε! Ε! Ε! Καπούτ! Ε! Καπούτ!»

We lay there half dying and we died later.
One or two died every three days. They
died and they died until only two
remained. I and someone from Chios
called Fiaras.
A German soldier comes in the morning
to see the dead and dying, to see who was
left.  He stood over them said kept
saying, 'E Kaput, E Kaput.'

♠♠ ♠ ♠ ♠ ♠ ♠ ♠ ♠ ♠ ♠ ♠ ♠ ♠ ♠ ♠ ♠ ♠ ♠ ♠ ♠

Κι από εις να τσοι πετάξουν όξω κι
ύστερα θε να ειδοποιήσουνε τ'
αυτοκίνητο τση Δημαρχίας να'ρθη να τσι
πάρει. Τότε λοιπόν που μείναμε οι δυό
οπου είμαστε μαζί, εζέσταινεν ο γ' είς
τον άλλο μας, εκολούσαμε τσι πλάτες
μας κι εζέστενεν ο γ' είς τον άλλο. Μια
βραδυνή λοιπόν έκανε κρύο πολύ κι
εξεπαγιάζαμενε κι είμεστανε θεσμένοι, κι

είχα τη ράχη μου κολλημένη με την δική
ντου αυτηνού για να ζεσταθούμε.
Αλλά τη νύχτα λοιπόν επόθαινε κι αυτός
και κάθε λίγο και λιγάκι θενά μου
φωνιάζει «μρε,
Στέλιο, Στέλιο!»
«Τι θέλεις μωρέ;»
«Η καρδούλα μου βρε Στέλιο, η
καρδούλα μου!»
«Ναι μρε ναι», τούλεγα κι εγώ. Αλλά δεν
εμπόρουνε σου λέω να κινηθώ ούτε να
σηκωθώ με τα τόσα βάσανα. Λοιπόν εδά
λέει πάλι,
«Μρε Στέλιο, Στέλιο, η καρδούλα μου
μρε. Η καρδούλα μου!»
«Ναι μωρέ, ναι»  τούλεγα κι εγώ.
And they take them out and load them on
the Municipal truck which comes and
takes them.
Then there were only two left, together
we kept warm by sticking our backs
together.
One evening it was extremely cold. We
were tied together back to back and I had
my back stuck together with his to keep

us warm. But during the night he died, every so often he called out, 'Stelio, Stelio.'

'What do you want?'

'My heart, my heart Stelio. 'Yes,' I said, 'but I tell you I can't move or raise my hands with all this suffering.'

Well he said again, 'Stelio, Stelio my heart.'

'Yes.' I said.

♠♠ ♠ ♠ ♠ ♠ ♠ ♠ ♠ ♠ ♠ ♠ ♠ ♠ ♠ ♠ ♠ ♠ ♠ ♠ ♠

Μου τόπεν κάμποσες φορές κι ύστερα με τα πολλά, με πήρεν ο ύπνος–με πήρεν ο ύπνος και θα με πήρε λίγη ώρα γιατί επάγωνα κι εσηκώνουμουν κι έτριβα έτσι γε τα μερουδάκια μου για να συνέλθω. Και κάθουμουνε ετσεδά και τρίβουμουνε. Λοιπόν μεταπνίζω, κι ακρουφάζουμουνε ν'ακούσω αναπνοή του, κι όμως δεν εγροίκουνε τίποτα.

Κι ύστερα κάνω, «Μρε Φιαρά, Φιαρά,» κι όμως δεν έβγαινεν άχνα. Ύστερα γυρίζω σιγά-σιγά και του κάνω έτσεγέ και θωρώ κι ήτονε ποθαμένος.

He said it many times and sleep overcame me many times but only for a short time because I was frozen, I had to sit up and rub my hands together to keep alive. And I was sitting like that freezing. Then I sat strained to hear his breath, but I couldn't hear anything. Then I said, 'Fiara, Fiara?' but no vapor came out. Afterwards slowly slowly I turned and moved him like this and saw that he was dead.

♠♣ ♠ ♠ ♠ ♠ ♠ ♠ ♠ ♠ ♠ ♠ ♠ ♠ ♠ ♠ ♠ ♠ ♠

Σαν τον είδα πως επόθανεν, ήτονε ετσά μακρύς ο θάλαμος, και θέτω κι εγώ την κουβέρτα στην πλάτη μου κι απόις εκαβρούλιζα ετσά με τα χέρια μου, και πάω στην μέσα μεριά του θαλάμου και θέτω. Το πρωί δά πάλι έρχεται ο λοχίας και τονε θωρεί αυτό κειδά ξεντωμένο ποθαμένο.

When I saw him dead the room was very long. Then I put the blanket on my back and I went to sleep in the end of the room cradling my arms in the middle of the chamber and sat there and in the morning, the sergeant came again and saw the old man stretched out dead.

♠♠ ♠ ♠ ♠ ♠ ♠ ♠ ♠ ♠ ♠ ♠ ♠ ♠ ♠ ♠ ♠ ♠ ♠ ♠ ♠

Και στένεται από πάνω του και λέει, «Ε! Ε! Καπούτι κι εσύ; Καπούτι;»
 Κι ύστερα εκοίταζε να με δει εμένα κι όμως ήτονε σκοτίδι μέσα στην παράγκα στην μέσα μεριά και δε με θώριενε. Λέει, «Πού εσύ μωρέ; Πού εσύ;»
«Εδώ» του λέω. «Εδώ.»
«Εσύ μωρέ πότες καπούτι;»
«Αύριο.» του λέω κι εγώ. «Αύριο, αύριο , μεθαύριο. Και πίστεψε με ότι ήθελα νάχε ποθάνω. Για δεν υπόφερνα.

He stood over him and said, 'And you kaput, kaput. Then he looked for me but it was dark in the booth and he could not see me.

'Where are you my friend? Where are you?'

'Here I am.' I said to him.

'You, when will you die?'

'Tomorrow or the day after,' I replied. And believe me, I did want to die at that time. I suffered so much.

♠♠ ♠ ♠ ♠ ♠ ♠ ♠ ♠ ♠ ♠ ♠ ♠ ♠ ♠ ♠ ♠ ♠ ♠ ♠ ♠

Και πρώτα πρώτα, εκιά με τσοι ποθαμένους μας είχαν και τσιρούσαμε κι απ' είς χοντρά μας δεν εκάναμε, για δεν ετρώγαμε, παρά μόνο κεινοδά το ζουμί απού μασε δείναν και πίναμε. Κι ήτονε γεμάτη η βούτα ξύδι. Ούρα ξύδι. Κι ήτονε σαν την μπύρα πάνω, πάνω αφρισμένα κι εβρώμιενε κι από τη βρώμα ποθένανε μερικοί.

And first of all we pissed there on the floor, down among the dead men. We did not shit solids, because we only drank the soup they gave us. So the floor was full

of vinegary urine. Tail vinegar. And it
was like beer on the surface frothy and
stinking. A few died from the smell.

♠♠ ♠ ♠ ♠ ♠ ♠ ♠ ♠ ♠ ♠ ♠ ♠ ♠ ♠ ♠ ♠ ♠ ♠ ♠ ♠

Λοιπόν είχενε χιονίσει, και δεν ήρθαν τ''
αυτοκίνητα να τονε πάρουν.
Επόθεναν και στην Αθήνα ο κόσμος! Και
δεν επρολάβαιναν τ'αυτοκίνητα και στην
Αθήνα να τσοι μαζεύουνε, κι επεράσανε
δυό, τρείς ημέρες νάρθουν να τονέ
πάρουνε. Και ύστερα επρήστηνε κι έκανε
πρρρρρρ κι έβγανεν φούσκες απού τα
ρουθούνια. Κι ήρχεντονε ο Λοχίας κάθε
πρωί κι άνοιγεν και τούλεγα.
«Βρωμεί μωρέ, βρωμεί,» κι έκανα πως
έκλαιγα.
«Βρωμεί μωρέ.»
Βάνει δικούς μας και τονε πιάσανε και
τονε πετάξανε όξω απάνω στο χιόνι. Και
θάρθανε μετά και τονε πήρανε. Έμεινα
δα γω κιά πέρα μόναχός μου.

Well it had snowed, and the trucks did

not come to take them. The whole world was dying in Athens too! And they did not
succeed in collecting them in Athens either. It was two or three days before they could come to collect.  And after he swelled up and bubbles came out of his nostrils. And every day the sergeant came and I said to him, 'He stinks, brother, he stinks.' I pretended to cry. 'He stinks.' They got us to throw him out in the snow. So they came and took him. I was left on my own.

♠ ♠ ♠ ♠ ♠ ♠ ♠ ♠ ♠ ♠ ♠ ♠ ♠ ♠ ♠ ♠ ♠ ♠ ♠ ♠ ♠ ♠ ♠

Κι εσηκώνουμουνε κάθε νύχτα κι ετρίβομουνε κι έλεγα εδά θα ξυλιάσω εδά θα αυτό, κι όμως δεν επόθαινα. Δεν επόθαινα. Άντεξα και σε λίγες μέρες λοιπόν έρχεται ένας Αυστριακός γιατρός κι έκαμεν επιθεώρηση στο  στρατόπεδο, και ήτονε ένας διερμηνέας από τον Πρινέ Ρομπονικά, ήξερε πολλές γλώσσες. Και τον έσερνε και τούλεγε τι γίνεται κτλ.

Ύστερα τούπεν αυτός εδώ είναι κι ούτε
πεθαίνει, τριανταδυό πεθάνανε εδώ κι
ήτανε τριαντατρείς και ζει τούτος ακόμα.

I moved about every night, and covered
myself thought I would perish there but I
did not die.
I did not die. I made it. Then a few days
later, an Austrian doctor came around to
inspect me in the room. There was an
interpreter with him, a Cretan from
Priné—Rombonika.
He knew many languages. They got him
and told him what was happening et
cetera and told him who had died. Thirty-
two had died and I was the thirty third
and still living.

♠♠ ♠ ♠♠ ♠ ♠ ♠ ♠ ♠ ♠ ♠ ♠ ♠ ♠ ♠ ♠ ♠ ♠ ♠

«Και γιατί Λαζαρέτο,» λέει ο γιατρός,
Λέει, «δεν τσί πάνε, δεν ειδοποιούνε
τίποτα.

—Κι ύστερα του κάνω: Φιαρά, μρε Φιαρά, κι όμως δεν έβγανεν άχνα!...

*...but no vapour came out*

Ούτε γιατρούς ούτε τίποτα.» Κι ύστερα
λοιπόν γροικώ και λέει, «Αμέσως
τηλέφωνο Λαζαρέτο. Αμέσως τηλέφωνο
Λαζαρέτο.»
Κι ύστερα πάει και τηλεφωνά, κι έρχεται
ο Ερυθρός Σταυρός, έρχονται δύο
αδερφές με ένα φορείο, και γροικώ
απ'έξω γυναικείες εμιλιές.

'Why? Lazareto,' says the Doctor, 'why
don't you do anything or get him a doctor
or anything? Telephone Lazareto
immediately.' And he phoned the
hospital and the Red Cross came, two
sisters came with a stretcher. I heard
female talk outside.

♠♠ ♠ ♠ ♠ ♠ ♠ ♠ ♠ ♠ ♠ ♠ ♠ ♠ ♠ ♠ ♠ ♠ ♠ ♠

Εκεί δεν υπήρχανε, τρία χρόνια πούκαμα
γω, δεν είδα γυναίκα να μπή,
απαγορευέντονε. Κι ύστερα δά γροικώ
γώ μιλιές απ'έξω γυναικείες και το
κατάλαβα. Λέω ήρθαν να με πάρουνε.
Και θωρώ δύο αδερφές και μπαίνουνε

και βαστούσανε ένα φορείο, και λένε,
«Πού'σαι Μπερβάνη, πού ' σαι.»
Λέω, «Εδώ! Εδώ!» τωνέ λέω. Κι ύστερα
έρχουντε και με πιάνουνε με την
κουβέρτα και με βάνουνε μέσα στο
φορείο, κι έρχονται δύο Γερμανοί στο
αυτοκίνητο συνοδοί και με πάνε στο
πολιτικό Νοσοκομείο, εγώ δα είχα γένια,
όσο καιρό 'μουνε κειδά, ούτε πλύθηκα,
ούτε ξυρίστηκα, ούτε τίποτα άλλο. Δεν
εβγόριζεν όξω μόνο η μύτη μου.


In the three years I spent in the prison
camp I had never seen a woman enter; it
was forbidden. And after I heard
women's speech outside.
I realized they have come to take me.
And I see the two sisters coming in and
carrying the stretcher and they say,
'Where are you Bervanis, where are
you?' I say, 'Here here I am.' They come
in and cover me with a blanket and put
me on the stretcher and two Germans
come in the car as escorts.
And they took me to the political

hospital.

At that time I had a beard, all the time I was there I did not wash or shave or anything. Only my nose showed.

♠ ♠ ♠ ♠ ♠ ♠ ♠ ♠ ♠ ♠ ♠ ♠ ♠ ♠ ♠ ♠ ♠ ♠ ♠ ♠ ♠

Ύστερα δά με πάνε, έβρεχενε, ήτονε κρυγιώτη, και με πάνε σέ μια σόμπα και με καθίζουνε, κι απόις μου κόψαν τα μαλλιά μου και με χτενίσανε, μου κάμανε μπάνιο, και με πλύνανε κι ήτο κι όλας μια νοσοκόμα εκιά πέρα και με κοροϊδενεν εκιά που μ'έπλυνεν κι ήλεγεν. «Ε! κακομοίρη μπάρμπα, μα δίαλε την κουραμάνα απού μας σέ χαλάσεις!» Ήλεγε πως δεν θα μπορώ να φάω τίποτα, ήμουνε ποθαμένος.

It was raining when they took me with them, it was cold, they sat me down next to a wood stove and they cut my hair and shaved my beard off, then they combed my hair and then they bathed me and cleaned me. A nurse made fun of mem

while she was washing me she said: 'Ill-fated Uncle, the devil take you, the haircut will finish you.'
I said I wouldn't be able to eat anything, I am dead.

♠♠ ♠ ♠ ♠ ♠ ♠ ♠ ♠ ♠ ♠ ♠ ♠ ♠ ♠ ♠ ♠ ♠ ♠ ♠ ♠

Ύστερα λοιπόν με πάνε με πετούνε σ' ένα κρεβάτι μέσα. Με πετάξανε σ' ένα κρεβάτι μέσα στο νοσοκομείο, και μου δίδανε μόνο τσάι. Μόνο τσάι μου δίδανε και έπινα, και
κουάκερ, το λέγανε. Εγώ ο οργανισμός μου ήτονε γερός. Δεν είχα τίποτα πάθει, και επείνουνε. Μου φαίνεντο πώς νάχε βρώ λέει δέκα ψωμιά θενά τα φάω. Και τωνέ γύρευα όλο να μου δώσουνε να φάω κι όμως δεν μου δίνανε. Δεν μου δίνανε.

After they took me and they threw me into a bed. They threw me into a bed, and they fed me with tea. Only tea they gave me and something called cocoa. My organism was strong. Nothing was wrong

with me, and I was hungry. It seemed to
me that if I could find ten loaves of
bread, I would eat them. And I kept
asking them to give me food but they
wouldn't give me any. They did not give
me any.

♠♠ ♠ ♠ ♠ ♠ ♠ ♠ ♠ ♠ ♠ ♠ ♠ ♠ ♠ ♠ ♠ ♠ ♠ ♠ ♠

Και μια φορά ήρθε μία νοσοκόμα. Μαρία
τη λέγανε και τση λέω, «Μωρή Μαρία
έλα να σου πω.» Και τση λέω, «Μωρή
εγώ έχω συγγενείς στην Αθήνα. Δεν
μπορούμε μωρή να ειδοποιήσουμε
κιανένα να'ρθει;»
«Πές μου,» μου λέει, «οδός, αριθμό, κι
εγώ θα τελεφωνήσω να'ρθούνε.»
Αλλά δεν ήξερα. Ήξερα ότι στους
Αμπελόκηπους ήτανε αλλά δεν ήξερα
οδό και αριθμούς.
«Κακομοίρη,» μου λέει, «τι να σου
κάμω, δεν έχω τι να σου κάμω.»

Once a nurse came. Her name was Maria
and I said to her, 'Maria let me tell you

something, I have relatives in Athens.
Can't we ask them to come?' She said
'Tell me, the street, the number and I will
telephone them to come.'
But I didn't know. I knew that they lived
somewhere in Ampelokipos, but not the
street or number.
'Poor man,' she said, 'what can I do for
you? I can't do anything for you.'

♠♠ ♠ ♠ ♠ ♠ ♠ ♠ ♠ ♠ ♠ ♠ ♠ ♠ ♠ ♠ ♠ ♠ ♠ ♠ ♠

Αλλά ύστερα είχα ένα ξάδερφο ένα
Γύπαρη, του Παυλή έναν αδερφό στο
Μαιευτήριο τσ Έλενας, κι ήτονε εκειά
πέρα φύλακας. Και τση λέω ύστερα,
«Μαρία, έχω ένα ξάδελφο στο
Μαιευτήριο τσ' Έλενας και τονέ λένε
Λευτέρη Γύπαρη. Δεν μπορούμε να τον
ειδοποιήσουμε με κανένα; »
«Ά! Αυτόν θα τονέ βρούμενε.»
Κι ύστερα δά του τελεφωνά και τον
ήβρενε. Και του λέει,
«Εδώ εφέρανε οι Γερμανοί ένα κι είναι
ξάδερφος σου και πεθαίνει και θέλει

να'ρθεις να σε δει.»
Και σε λιγάκι ήρθενε.

Then after…that I had a cousin, Giparis, a brother of Pavlos, a warder. And I say, 'Maria I have a cousin at Periferiako Yeniko Nossokomeion Maieftirio ts' Elenas— (a regional general and maternity hospital) his name is Lefteris Giparis. Can't we invite him sometime?' 'Ah we can try and find him.' After she telephoned and found him. And she tells him: 'The Germans brought your cousin here and he is dying and wants you to come and see him.' After a short time he came.

♠ ♠ ♠ ♠ ♠ ♠ ♠ ♠ ♠ ♠ ♠ ♠ ♠ ♠ ♠ ♠ ♠ ♠ ♠ ♠

Κι έρχεται από την πόρτα γιατί όποιος ήτονε γερμανοκρατούμενος δεν αφήνανε οι Γερμανοί να μπή μέσα να κουβεντιάσει. Παρά μόνο από την πόρτα. Κι έστεκε και με κοίταζε αλλά δεν με γνώρισεν αυτός από την πόρτα. Ήμουνε

σου λέω ένα πράμα απου δεν με γνώριζε
ούτε η μάνα που με έκανε. Σα φίδι
ήμουνε. Ε λοιπόν με κοίταζε και μου
λέει, «Ποιος είσαι μωρέ; Ποιος είσαι;»
«Ο Στελής μωρέ, ο Στελής, ο Στελής
είμαι, και με φέρανε οι Γερμανοί.»
«Ο Στελής είσαι;» λέει ναι.
«Και ίντα θέλεις μωρέ;»
«Φαϊτό μωρέ. Έχετε φαϊ, έχετε;»
«Λέει ναι. Έχομε. Μόνο να θέλεις να
φάεις.»
He stood by the door because it was a
German occupied building and people
were not allowed in to talk, only to talk
standing at the door. He stood there and
looked at me. But could not recognize
me. Not even my mother could have
recognized me. I was like a snake. He
looked at me and says–
'Who are you?' 'I'm Stelio, I am Stelios.
The Germans brought me here.'
'Stelios are you?'
'Yes,' I say.
'And what do want?'
'Food, have you got any food?'

'Yes we have, just say what you want to eat.'

♠♠ ♠ ♠ ♠ ♠ ♠ ♠ ♠ ♠ ♠ ♠ ♠ ♠ ♠ ♠ ♠ ♠ ♠ ♠

Κι ύστερα λοιπόν πάει και λέει των αλλωνών. Εκιά ήτονε αδερφοί του, μπαρμπάδες του, και τωνέ λέει, «Τον Στελή εφέρανε οι Γερμανοί στο Σοκομείο, μα δεν τον γνωρίζει άνθρωπος γεννημένος. Ετόσοσες είναι. Και μου γυρεύει φαΐ.»
Μα εγώ λέω πως δεν θα μπορεί μούδε φαΐ να φάει, μούδε τίποτα.
Και μου φέρνουνε μισή κουραμάνα Γερμανικιά και μου φέρνουνε και μια γαλαθιά πατζάρια με ψάρι τηγανητό.

So he went off and said to others, cousins and uncles, 'The Germans brought Stelis to the hospital and he is unrecognizable. He looks so bad. He's asking me for food.'
But I say I cannot eat other food or anything.

So he brought me half a loaf of German army bread, a basket full of beetroots and fried fish.

♠♠ ♠ ♠ ♠ ♠ ♠ ♠ ♠ ♠ ♠ ♠ ♠ ♠ ♠ ♠ ♠ ♠ ♠ ♠ ♠ ♠

Κι ύστερα μου λέει ο Σοκόμος απου ήτονε κειδά μη φάεις τίποτα παρά να ρωτήξομε τον γιατρό να δούμενε πόση ποσότητα πρέπει να φάεις. Αλλά ότι ώρα και γύρισεν την ράχη του πιάνω κι εγώ και τα κοπανίζω ούλα. Τάφαγα! Ύστερα λοιπόν με πιάνει ένας πυρετός κι ήμουν αναίσθητος.

Then the orderly who was close by said it was dangerous to eat before had asked the doctor first to see how much I could eat.
But just as he turned his back to me I grab and shove everything down. Food. Well then I had a fever and fell unconscious.

♠♠ ♠ ♠ ♠ ♠ ♠ ♠ ♠ ♠ ♠ ♠ ♠ ♠ ♠ ♠ ♠ ♠ ♠ ♠ ♠

Ύστερα έρχουνται και με θωρούνε και
φωνάζουνε του γιατρού κι έρχεται. «Τι
του δώκετε κι έφαε, τι έφαε», κι όμως δεν
το κάνανε οι νοσοκόμοι καλά γιατί δεν
με είδαν όταν το'φαγα, μόνο οι διπλανοί
μου άρρωστοι λένε ότι ετσιγέ του φέραν
και το φαε.

Then they came and saw me and they
shouted for the doctor. He came and
asked to find out what I had eaten. But
the staff did not know because they had
not seen me when I ate only the person
next to me says what they brought me.

♠♠ ♠ ♠ ♠ ♠ ♠ ♠ ♠ ♠ ♠ ♠ ♠ ♠ ♠ ♠ ♠ ♠ ♠ ♠

Ύστερα λοιπόν ήρθαν και με πότισαν
τίποτα μα δεν κατέω ίντα τονε κι απόις
μου κάνανε μασάζ, επά στο στομάχι,
μασάζ, μασάζ και τάβγαλα όλα ύστερα.
Απείς τάβγαλα μ'αρχίξανε πάλι στην
δίαιτα. Και λένε του νοσοκόμου «Δε θα

πας πουθενά, επαέ θα κάθεσαι να τονε
φυλάς»

After they gave me something to drink, I
don't know what then they did a massage
here on my stomach, massage, massage,
and I threw up after. After I threw up I
started a diet again.  The doctor ordered a
nurse to sit by me and  let me eat nothing.

♠♠ ♠ ♠ ♠ ♠ ♠ ♠ ♠ ♠ ♠ ♠ ♠ ♠ ♠ ♠ ♠ ♠ ♠ ♠ ♠

Αλλά και νάχε βρώ δεν έτρωγα δα μπλιο
γιατι κινδύνεψα να πούμε να… ύστερα
μ'αρχίξανε ετσά στην δίαιτα σά να μήνα.
Όλο κουάκερ και τσάϊ, κουάκερ και τσάϊ,
και σιγά, σιγά, ήρχουμουν κι εγινόμουν
και γινόμουν και αρχίσανε ύστερα και
μου δίνανε και φαϊ, μου δίνανε κι ύστερα
δα έφτονα γω. Δεν είχα τίποτα μέσα μου
κι εντράκαρα και γινούμουνε θηρίο.
Θηρίο γίνηκα στο Σοκομείο.

I did not eat any more because I was in
danger and after they started me on a diet

for a month. Only cocoa and tea, cocao and tea and slowly slowly I improved. Then they started to give me some food and after I would bring it up.
I had nothing inside and I was terrified and I became an animal. I became a wild animal in the hospital.

♠ ♠ ♠ ♠ ♠ ♠ ♠ ♠ ♠ ♠ ♠ ♠ ♠ ♠ ♠ ♠ ♠ ♠ ♠ ♠

Λοιπόν μια φορά ήρχεντον η διευθύντρια του Νοσοκομείου και κοίταζενε το νούμερό μου. Και ήλεγεν των αλλωνώ. «Βρε παιδιά. Αυτός είναι ο γερμανοκρατούμενος ο Κρητικός απου φέρανε. Λέει ναι. Αυτός είναι. Λέει φτου σου αλάβωτα σου μωρέ! Πώς έγινες κακομοίρη ετσεδά; Πως έγινες έτσι;»

Well once the director came, looked at my number and said the following:
'Hey guys this is the Cretan German prisoner that was brought here. It's the same one. How did you end up like this you poor man? How did you get like

this?'

♠♠ ♠ ♠ ♠ ♠ ♠ ♠ ♠ ♠ ♠ ♠ ♠ ♠ ♠ ♠ ♠ ♠ ♠ ♠ ♠

Κι ύστερα δά σου λέω εθράφηκα και
εγίνηκα ύστερα έρχεται ο Διευθυντής του
νοσοκομείο, Κραούζος ελέγεντονε και
μου λέει,
«Άκου να δεις παιδί μου. Εδώ έχομεν
έναν και τον έχουν οι Γερμανοί δικό τους
Κρασούνης λέγεται, και έρχεται, κι άμα
δει κανένα κι είναι καλά τονε δίδει πάλι
των Γερμανώ και τονε πάνε στο
στρατόπεδο.
Λοιπόν εάν μπορέσομε να σε
βαστήξουμε με τσοι ψεύτικους, να σου
βάνομεν ψεύτικους πυρετούς στο
τιμολόγιο σου, και θα' σαι όλο
κουκλωμένος με την κουβέρτα, να μην
ξεκουκλωθείς παρά να κάνεις όλο τον
ψόφιο, να'σαι μέσα στην κουβέρτα κι
αυτός περνά και βλέπει τα τιμολόγια και
αν δεν σε βαστήξομεν ετσά, δεν έχομεν
ίντα άλλο πράμα σου κάμωμε, και έχουμε
το σύνθημα, τσίλιες.

Άμα ακούσεις τσίλιες και δεν είσαι
σκεπασμένος, ν'αμουντέρνεις να
σκεπάζεσαι κι απόις να κάνεις πως
κοιμάσαι.»

And after I put on weight and improved,
one day the Administrator at the Hospital
Kraozos says–
'Listen my lad, the Germans have a man
in here named K. He goes around and
when he spots someone who is all right,
he hands him to the Germans and they
take him to the Camp. Well if we can we
will deceive him. We will put false
temperatures on your chart and we will
roll you up in a blanket and you should
never uncover yourself, to complete the
deception so you stay in the blankets and
when he comes and looks at the chart he
won't see how you are and won't be able
to do anything. The warning will be:
*Tsilies* (*τσίλιες,* lookout). Whenever you
hear *Tsilies* and you are not covered,
cover yourself quickly and pretend to
sleep.'

♠♠ ♠ ♠ ♠ ♠ ♠ ♠ ♠ ♠ ♠ ♠ ♠ ♠ ♠ ♠ ♠ ♠ ♠ ♠ ♠ ♠

Ετσά λοιπόν με βαστήξανε τρεισίμισυ
μήνες στο Νοσοκομείο. Αλλά ύστερα ο
κερατάς μια μέρα έρχεται και επέτανε τσι
κουβέρτες πέρα και ξεσκέπασέ με και
μένα κι ήμουνε γεμάτος μέσα, ήμουνε
γεμισμένος, παχεμένος, και μου λέει,
«Βρε; Εσύ'σαι θηρίο βρε. Τι κάνεις εδώ;
Αμέσως να του βγάλετε εισιτήριο να πάει
στα έργα.»
Ύστερα δα κι εγώ ώστε να μου το πει
έχεις το λόγο τση τιμής μου ότι είχα
καλιά νάχε μου δώσει ο θεός γιώτσα
απού λένε να ποθάνω.

They kept me three and a half months in
hospital. But after, the cuckold came and
threw the covers off and saw me fat and
healthy. And he said, 'You're like a wild
animal. What are you doing here?
Immediately give him a work ticket.'
After he said that on my word of honour,
I would have been better had God struck
me dead (lit. given me an illness–γιώτσα–

to kill me).

* * * * * * * * * * * * * * * * * * * * * * * * *

Κι εσηκώθηκα την νύχτα, κι έκαμα τον
σταυρό μου και λέω,
«Τίμιε Σταυρέ μου!» απού λέμε κι εμείς,
«Να μου δώσει ο θεός γιώτσα να μην
σηκωθώ από παγέ παρά να ξαναγιαήρω
πάλι τα ότι μου κάνανε. »
Αλλά κατά τύχη λοιπόν και δεν είχανε
συνοδεία να με πάνε στο Τατόι, και λένε
να τονε πάτε προσωρινώς στα
παραπήγματα

So I rose from bed in the night, crossed
myself and said, 'My Holy Cross,' as we
say, 'may God strike me dead so that I
don't have to get up and return to what
they did to me!'
But as luck would have it that they did
not have any escort to take me to Tatoi,
and they said they would take me to the
prison next morning.

♠♠ ♠ ♠ ♠ ♠ ♠ ♠ ♠ ♠ ♠ ♠ ♠ ♠ ♠ ♠ ♠ ♠ ♠ ♠ ♠

Και πάσιμε στα παραπήγματα και μ'
αφήκανε κιά πέρα κι έκαμα κάπου ένα
χρόνο. Στα παραπήγματα ήτονε
διαφορετικά. Εκεί πέρα δεν εδέρνανε.
Ήτονε ο Ερυθρός Σταυρός επί τόπου εκιά
πέρα. Ήτονε μια Παρνιού ελέγεντονε.
Κι είχενε πάει, κι είχενε γραφτεί στον
Ερυθρό Σταυρό, κι ο άντρας τση λέει
ήτονε Ναύαρχος κι είχενε πάει στην
Μέση Ανατολή. Κι ήτονε αυτή εκιά πέρα
μόνιμη αδελφή του Ερυθρού Σταυρού κι
ήτονε στο συσσίτιο. Αυτή έκανε τη
διανομή. Αυτή έκανε κουμάντο εκιά
μέσα.


So they took me to the huts where I did
about a year. There it was a different.
They did not beat there.
The Red Cross was present There was a
woman named Parniov. She had signed
up for the Red Cross; her husband was an
Admiral and had gone to the Middle East.
She was there alone, a sister of the Red

Cross in the mess. She did the
distribution. We were fed and not beaten.
She was in charge.

♠ ♠ ♠ ♠ ♠ ♠ ♠ ♠ ♠ ♠ ♠ ♠ ♠ ♠ ♠ ♠ ♠ ♠ ♠ ♠ ♠

Και τρώαμε και φαΐ, και ούτε μας σέ
δέρνανε όξω μόνο μας σέ βγάνανε κάθε
πρωί, το λέγανε προμονάτο λέει, και μας
βάνανε κι εκάναμε τροχάδι κι όποιος είχα
χάσει το ζάλο του είχανε εκειδά ένα
σίδερο κι είχενε βόλια απού την μια
πάντα, κι απού την άλλη, και τα λέγανε
σκαμνάκια και τονέ βάνανε κι έκανε τρία
σκαμνάκια. Ε, εκειδά σε δέρνανε ώστε
νάχε το μάθεις.

And we got food and they did not beat us
but everyday we had morning exercise
they put us outside and made us run.
They had an iron rod hanging with three
iron balls and they would beat you three
times with this if you lost pace running.
There they would beat you to teach you.

♠♠ ♠ ♠ ♠ ♠ ♠ ♠ ♠ ♠ ♠ ♠ ♠ ♠ ♠ ♠ ♠ ♠ ♠ ♠

Και την πρώτη φορά και μένα με δείρανε.
Μου παίξανε κάμποσες βουρδουλιές,
αλλά ύστερα συνήθισα κι εγώ και το
πήγαινα απάνω κάτω. Λοιπόν ήτο και το
άλλο. Απαγορεύετο να συζητά ο ένας με
τον άλλο. Παρά έπρεπε, είχανε μέσα
πράχτορες πάλι δικούς μας, κι ήτονε
μέσα ένας πράχτορας, μ' είχανε μένα στο
πέμπτο θάλαμο και σε παρακολούθιενε,
σε παρακολούθιενε πέρα και πόδε, και
δεν εσυζήτανε κιανείς.

At first they beat me too. They beat me
many times but then I got accustomed to
it and I took it more or less. The other
thing was that it was forbidden for us to
discuss or talk to one another. There was
an agent, one of our own people, in the
ward (I was in the fifth ward) and he
watched you night and day. Nobody
discussed anything.

♠♠ ♠ ♠ ♠ ♠ ♠ ♠ ♠ ♠ ♠ ♠ ♠ ♠ ♠ ♠ ♠ ♠ ♠ ♠ ♠ ♠

Το μεσημέρι θε να παίξει η σφυρίχτρα να πάμε να πάρομε φαΐ κι απόις θε να βγούμε απάνω να μας επάνε ψείρισμα. Να βγάλομε τα ρούχα μας να ψειρίζομέστανε κι απόις απείς θενά ψειριστούμενε θενά μασεμασε πούνε θέστε, κι εθέταμε κι εκουκλουνωμέστανε με την κουβέρτα, κι αν εμπόριες να κοιμηθείς, αντεε, νάσε εκιά πέρα κουκλωμένος.

At lunchtime, a whistle blew to go to have lunch, and then we went upstairs for delousing. We took our clothes off and we would delouse ourselves and then, when that was over we wrapped ourselves up in blankets and you went to sleep if you could,

♠♠ ♠ ♠ ♠ ♠ ♠ ♠ ♠ ♠ ♠ ♠ ♠ ♠ ♠ ♠ ♠ ♠ ♠ ♠ ♠

Τα απόγευμα θενά μασεμασε σηκώσουν πάλι να κάμομε λιγάκι βόλτα και να

μασεμασε ξαναβάλουνε μέσα. Αυτό
εγίνεντονε εκεί πέρα. Έκαμα κειδά κάπου
ένα χρόνο. Ύστερα με θυμηθήκανε κι
έρχουντε πάλι και με πέρνουνε. Απείς με
πήρανε, επήγα κι ήμουνε γεροστεμένος
και μ' αρχινούνε ύστερα και με με
σκότωναν κάθε μέρα. Ραβδί, απολυταρές.
Εβαστούσανε βουρδούλους και μας
δέρνανε μασεμασε κοντακίζανε,
παπουτσές, όργια μας σέ κάνανε.

In the afternoon they got us up to take a
walk and then they locked us up. That's
what happened there. I spent about a year
there.
After that they remembered me and came
and took me away I became strong and
healthy and they started killing me every
day. Total rod.
They held whips and beat us; they used
rifle butts, their boots—they had an orgy
with us.

♠♠ ♠ ♠ ♠ ♠ ♠ ♠ ♠ ♠ ♠ ♠ ♠ ♠ ♠ ♠ ♠ ♠ ♠ ♠ ♠

Μια φορά λοιπόν είχα πάει και γίνηκα σε
ελεεινή κατάσταση, και μου λέει μια
μέρα εκείνοσάς ο διερμηνέας. Λέει,
«Μωρέ! Εσένα θα σε σκοτώσουνε.»
Μ'είχανε από κακό αμάτι πάρει οι
κερατάδες. Και μου λέει,
«Εσένα θα σε σκοτώσουνε.» μου λέει,
«Λοιπόν εδά είσαι κακοτυχεμένος, πάλι,
και είναι κι ο γιατρός εδά, ένας
Αυστριακός γιατρός, και θα γραφτείς
ασθενής, είναι καλός άνθρωπος, τσοι
στέλνει στο Νοσοκομείο, και θα γραφτείς
ασθενής, κι αυτός θα σε στείλει στο
Νοσοκομείο.»

Well, once I was in very bad state and
that interpreter told me, 'They are going
to kill you.' The evil eye had seized me,
the cuckolds. And he said they would kill
me.
'Well here you are smitten with bad luck
again, there is a doctor here, an Austrian.
And he will write you a sicknote. He is a

good man and he will send you to
hospital.'

♠♣ ♠ ♠ ♠ ♠ ♠ ♠ ♠ ♠ ♠ ♠ ♠ ♠ ♠ ♠ ♠ ♠ ♠ ♠ ♠

Εγώ δεν ήμουν κι ως το τόσο όπως την
άλλη φορά, δεν ήμουνε, ως το τόσο
κακοτυχεμένος. Και του λέω, «Δεν
γατέω. Εδά δεν είμαι πολλά αυτός,» του
λέω, «και δεν γατέω αν με στείλει στο
Νοσοκομείο.»
Λέει, «Γράφτου εσύ μ' αυτός θα σε
στείλει, κι εγώ θα σου πω ήντα θα
κάμεις.»

I was not so far so badly treated like
before. And I said, 'I don't know. I
haven't been here so long and I don't
know if he will send me to the hospital.'
He said, 'You write and they will send
you and I'll tell you what to do.'

♠♣ ♠ ♠ ♠ ♠ ♠ ♠ ♠ ♠ ♠ ♠ ♠ ♠ ♠ ♠ ♠ ♠ ♠ ♠ ♠

«Ήντα θα κάμω;»

Λέει, «κάθε βράδυ απού θα κοιμάσαι, θα
βάνεις τα δάχτυλα σου στα μάθια σου
να'ναι εκιά ολονύχτιος τση νύχτας και θα
πρηστούνε τα μάθια σου, και γώ θα σου
πω πότε να'ναι αυτό. Θα πεις ύστερα, να
πάεις εις του γιατρού, θα'ναι τα μάθια
πρησμένα, να πεις κι ότι πονούν τα νεφρά
σου, κι οτινα πάης να χύσεις τα ούρα
σου, δεν μπροκάνεις να χύσεις τα ούρα
σου παρά τα χύνεις απάνω σου. Κι αυτοί
θα το θεωρήσουνε λεύκωμα να σε
στείλουνε στο Σοκομείο.»
'What shall I do?' I asked him. He said,
'Every night when you go to bed, you
press the eyeballs with your fingers, then
you'll go to the doctor and say that your
eyes are swollen and that your kidneys
ache and that when you go to urinate, you
can't wait and piss yourself. They will
think it is diabetes and they will send you
to hospital.'

♠♠ ♠ ♠ ♠ ♠ ♠ ♠ ♠ ♠ ♠ ♠ ♠ ♠ ♠ ♠ ♠ ♠ ♠

Επήγα εγώ ύστερα και του'πα τα

συμπτώματα κι ύστερα κάνει «Να πάει
Λαζαρέτ να πάει.» Με παίρνουν οι
Γερμανοί με πήγανε στο ….αλλά είχε μια
διαταγή βγάλει ετούτος σάς ο προδότης
γιατρός απού παρακολούθιεν και πέρα, ο
προδότης απού'χανε επόπτη οι Γερμανοί
και λέει ότι όσοι άρρωστοι
αποστέλουντανε απού το στρατόπεδο,
επειδής επιένανε πολλούς ώς αρρώστους
και δεν είσανε λέει, πρέπει να τσι
εξετάζω κι εγώ.

I went afterwards and told him the
symptoms, he ordered me to go to
Lazareto. The Germans took me but he
had given an order, that traitor doctor,
that they followed, the traitor, because
many were sent out of the camp as sick
from the camp because they were so
many who were not sick, I should be
examined.

♠♠ ♠ ♠ ♠ ♠ ♠ ♠ ♠ ♠ ♠ ♠ ♠ ♠ ♠ ♠ ♠ ♠ ♠ ♠

Λοιπόν με πάνε στα παραπήγματα και με

βάνουνε στο κρατιχτήριο και το πρωί μου
λένε θα γραφτής αστενής πάλι. Με
γράφουνε αυτοί αστενή. Το πρωί πάω
στου γιατρού, στου κερατά, και μου λέει,
 «Τι έχεις; »
« Έτσι κ' έτσι» του λέω.
«Πονούνε,» του λέω, «τα νεφρά μου,
μού'ρχουντε τα ούρα μου, κι ώστε να
πάω στ' αποχωρητήριο τα χύνω απάνω
μου, και δεν μπορώ να υποφέρω με τα
νεφρά μου.»

Well they took me to the barracks and
then put me in the penitentiary. In the
morning they said to me to plead illness
again. They wrote the note again.
In the morning I went to the doctor, the
cuckold, and he asks me what's wrong. I
have, so and so I say, 'My kidneys are
hurting and when I want to pee I can't
wait and piss myself and I can't stand
suffering from my kidneys.'

♠♠ ♠ ♠ ♠ ♠ ♠ ♠ ♠ ♠ ♠ ♠ ♠ ♠ ♠ ♠ ♠ ♠ ♠ ♠ ♠ ♠

Κι ύστερα με εξετάζει και λέει,
«Από πού είσαι;»
«Απου την Κρήτη.»
«Δεν έεις μρε προδοτοκρητικιέ τίποτα
μόνο δεν θέλεις να εργαστείς στα έργα,
στα Γερμανικά έργα. »
Κι ύστερα του κάνω κι εγώ,
«Ναι μωρέ και θα ρημάξουν τα τσιφλίκια
σου,» του λέω.
Κι ώστε να του πω, μου κάνει,
«Σώπα προδότη για θα φωνάξω τω
Γερμανώ να σε εκτελέσουνε επί τόπου.»
Ύστερα δεν του'βγαλα γω μπλιό άχνα.


Then he examines me and says, 'Where
do you come from?'
'From Crete', I say.
And then he says, 'You have nothing
wrong with you. You Cretan traitor, only
that you don't want to do German work.
Then I said, 'Yes, and if I don't work
you'll go broke?'
Before I could speak he shut me up. 'Shut

up, traitor,' he said, 'or I'll call the
Germans to execute you on the spot.'
After that I held my breath.

♠♠ ♠ ♠ ♠ ♠ ♠ ♠ ♠ ♠ ♠ ♠ ♠ ♠ ♠ ♠ ♠ ♠ ♠ ♠ ♠

Κι ύστερα φωνιάζει εκιά νιούς λοχία κι
έρχεται, μιαν αντράκλα κι έφτανε κει
πάνω, κι έρχεται και με πιάνει, είχα σαν
κι εδά και τότες το μουστάκι. Και με
πιάνει από το μουστάκι και μ' έσερνε και
τρέχαν τα μάθια μου σαν την
κουτσουνάρα. Κι είχενε απόσταση εκατό
μέτρα.
Κι οντέ μ' έβανε μέσα γυρίζει και μου
παίζει και καμπόσες παπουτσές κι απόις
μ' αρχινά τσ' αμποχτές και μ' άμποθε και
με πήγαινε και με πήγαινε, και με πάει
στην όγδοη απομόνωση. Απείς
επεράσαμε μια και δυό απομονώσεις, δεν
έφεγγα εγώ μπλιό να δώ το δαχτύλι μου.
Και με πάει στην όγδοη απομόνωση και
με κλεί μέσα, κι ύστερα έτρεχε νερό
εκειδά πέρα, κι ήτον ένα ντουλαπάκι.
Λοιπόν μου δώκανε μια κουβέρτα. Ένα

κουβερτάκι και το θέτω χάμε και πάτουνε
γιατί ήτανε νερά.

Κι απόις ότι νάχε μαϊνάρω από τον ύπνο
εκούμπηζα τα χέρια μου στο ντουλαπάκι
κι έβαζα απάνω το κεφάλι κι ότι νάχε με
πάρει ο ύπνος έπεφτα βέβαια. Τα νερά
που ετρέχανε αν είχε κοιμηθείς χάμες
θενά ποθάνεις, ψυγείο. Τέλος πάντων
έκαμα κειδά πέρα δεκαοχτώ μέρες, στην
απομόνωση.


Then he called a new sergeant and a
masculine woman came in. I had a
moustache
then. He pulled me by my moustache,
and my eyes watered.
And they were at a depth of a hundred
metres.
then. He pulled me by my moustache,
and my eyes watered.
And they were at a depth of a hundred
metres.
And when they got me there they kicked
me many times. From there they took me
to the eighty-metre solitary and they

locked me up. It was wet and it was like a little cupboard. Well they gave me a blanket. A small blanket, which I laid down because it was damp. From then on I was crazy for sleep I moved my hands around in the cell, put them on my head whatever I could so I could sleep and indeed I fell asleep. The running water there would have killed you if you slept on the ground—frozen dead. To sum up I spent eighteen days there. In solitary.

♠♠ ♠ ♠ ♠ ♠ ♠ ♠ ♠ ♠ ♠ ♠ ♠ ♠ ♠ ♠ ♠ ♠ ♠ ♠ ♠

Μου φέρνανε εκιά πέρα το φαγάκι μου. Μου το δίνανε το φαΐ. Λοιπόν τσι δεκοχτώ μέρες με βγάνουνε μιάν ημέρα, κι όντεν εσήμωνα βγαίνοντας προς την φέξη, τάξε πως μου βάνεις μια φουχτέ φωθιά, χόβολη στα μάθια σαν τσι καψιλίδες και δεν έφεγγα καθόλου να δώ οντεν εβγήκα όξω.

Every day they brought me a little food. They gave me food. Then after eighteen

days they took me out. They took me to
the fifth ward. I spent some time there.
Then they took to the light, it was as if
they put a fistful of fire, hot embers, in
my eyes like burning sparks and I could
not see at all when I went outside.

♠♠ ♠ ♠ ♠ ♠ ♠ ♠ ♠ ♠ ♠ ♠ ♠ ♠ ♠ ♠ ♠ ♠ ♠ ♠ ♠ ♠

 Κι ύστερα με βάλανε όμως στον πέμπτο
θάλαμο γιατί είναι άλλα κι έχουν ανώγι
τα παραπήγματα. Κι έκαμα εκειδά πάλι
ένα διάστημα. Μια φορά λοιπόν, εδά
τελευταία μπλιό έρχουνται πάλι και με
πέρνουνε. Με ν πέρνουν και με πάνε πάλι
στο Τατόι. Ετότες δα που πήγα
εβοβαρδίζανε κατά συνέχεια κάθε μέρα.
Κάθε μέρα εβοβαρδίζανε κι
εσκοτώνουντανε οι Γερμανοί, κι είσανε
όλο μανισμένοι και μασε σκοτώνανε
κάθε μέρα στο ραβδί.

After they put me in the fifth chamber
because there were others on the upper
floor of the barracks and I stayed there

for a while. During the last days they took me and put me again in Tatoi.. At that time it was bombarded continually. Every day they bombed and killed the Germans. And they
were all went mad and they killed us every day with rods.

♠♠ ♠ ♠ ♠ ♠ ♠ ♠ ♠ ♠ ♠ ♠ ♠ ♠ ♠ ♠ ♠ ♠ ♠ ♠ ♠

Λοιπόν μια φορά τσοι πετυχένουνε ξαφνικά μέσα και σκοτωθήκανε πάρα πολλοί Γερμανοί. Εχάλασαν τα υπόστεγα, εχαλάσανε τα σπίθια, κ εγινήκανε τρόχαλος! Λοιπόν μασε πάνε και δουλεύαμε εκιά πέρα, κι είχανε υπόστεγο και μπαίνανε τ' αεροπλάνα μέσα, κι είχανε τζάμια σπασμένα, και φτάνει ένας ανθυπολοχαγός Γερμανός και μου δείχνει τα τζάμια και μου κάνει ού.

Well once a bomb fell suddenly inside and killed lots of Germans. The house was ruined and turned into rubble. They took us to work there and we worked there. They had it covered and the airplanes went inside and there were smashed windows. A German sub-lieutenant came close to me and pointed to the smashed windows and said we will do that to you.

♠♠ ♠ ♠ ♠ ♠ ♠ ♠ ♠ ♠ ♠ ♠ ♠ ♠ ♠ ♠ ♠ ♠ ♠ ♠ ♠ ♠

Κι ύστερα του λέω γώ, «νύξι φιάρι» του λέω. Κι ώστε να γυρίσω να το νε ξανοίξω να του πω νύξι φιάρι γυρίζει λοιπόν και μ' αρχινά τσοι λαχτές με κείνες τσι μπότες απού φορούσανε τσοι Ρώσικες, λαχτές μπικές, κι ύστερα λοιπόν από τα νεύρα μου αμούνταρα και βάνω τα χέρια μου μέσα στα τζάμια. Ότι ώρα και μ' είδε κι έκαμα ν' αρπάξω τα τζάμια μ'αρπά από τον γιακά και με θέτει κάτω και με γλωπάθιενε, και σέρνει το μπιστόλι και δεν ξέρω τι σκέφτηκε να με σκοτώσει δεν ξέρω τι, αλλά θα μετάνιωσε και μ' αρχινά με το σκούλο του πιστολιού και μου κτύπανε στην κεφαλή κι έκαμα τρείς

τρύπες στην κεφαλή και τα αίματα
ετρέχανε κουτσουνάρα. Ύστερα δα του
χυθήκανε Πολωνοί σκοποί που είχανε
έρθει τελευταία, και του χύθηκαν και τον
απαλεύανε για να μη με χτυπά, κι όμως
δεν τονέ κάνανε ζάφτι αλλά ήρχεντο πάλι
και με γλωπάθιενε  απάνω μου τέλος τον
εσύρανε και ως τόσο έπαιζε η σειρίνα,
που ήταν σαν του παποριού, κι
εσχολούσαν οι εργάτες.

Then before I had time to turn and say
anything he started kicking me with the
huge Russian boots he was wearing. Then
being nervous and out of confusion I
rammed my hand through the smashed
windowpanes. When he saw me hitting
the glass, he seized me by the collar and
took his pistol out.  I don't know if he
was thinking to kill me but it seems that
he changed his mind and started
screaming and bashed me on the head
and made three holes in my skull and
blood gushed out.
Then a couple of newly arrived Polish

...Και με πιάνει από το μουστάκι και μ' έσερνε!...

*He pulled me by my moustache, and my eyes watered*

guards thrust at him and tried to peel him off to stop him beating me. But they did not stop them but they came again and got between us and pulled him, at that moment the whistle blew like a steamboat, and the workers knocked off.

♠♠ ♠ ♠ ♠ ♠ ♠ ♠ ♠ ♠ ♠ ♠ ♠ ♠ ♠ ♠ ♠ ♠ ♠ ♠ ♠

Παίζει η σειρήνα και φωνάζουν οι σκοποί οι επικεφαλείς να φύγομε και έφευγα κι εγώ. Με πήραν και εκείνος ο Γερμανός ο ανθυπολοχαγός ήθελε να με πλύνει, να μου πλύνει τα αίματα. Λοιπόν πάμε στο στρατόπεδο κι ήτονε ένας καλός Στρατοπεδάρχης εδά τελευταία και μόλις μ'είδενε εμένα ολοκόκκινο με τα αίματα, τονε θώρουνε κι έκανε σαν τον τροζό και τσι ρώτανε τι συμβαίνει. Του λένε αυτοί ότι εκοίταξεν να με σκοτώσει ο ανθυπολοχαγός και αυτοί με ξεμιστέψανε, με πήρανε με τα τόσα βάσανα και μας ζήτανε να τονέ πλύνει αλλά δεν τον αφήσαμε.

The siren blew and the heads shouted to us to leave the spot and I fled too. That German officer took me and wanted to clean me to wash off the blood.

Well we went to the camp and there was a recent good camp head and immediately he saw me all covered in blood and went crazy and asked them what happened. They said they had witnessed the second lieutenant and had tried to stop me from suffering, he wanted to clean the wound but they did not let him do that to me.

♠♠ ♠ ♠ ♠ ♠ ♠ ♠ ♠ ♠ ♠ ♠ ♠ ♠ ♠ ♠ ♠ ♠ ♠ ♠ ♠ ♠

Ύστερα λοιπόν έρχεται και με πιάνει από την χέρα και μ' έσερνε και με πάει στο φαρμακείο και μου κόβει τα μαλλιά μου, και μ'επίδεσενε κιαποίςμού λεγενε, «Νύξ μπλιό δουλειά νύξ. Πήγαινε να'σαι στο κρεβάτι.»

Then took me by the hand and lead me to the pharmacy where he had my hair cut

and bandaged me and they said to me,
'No more work. Go to bed.'

♠♠♠ ♠ ♠ ♠ ♠ ♠ ♠ ♠ ♠ ♠ ♠ ♠ ♠ ♠ ♠ ♠ ♠

Κι ύστερα ήρθενε η φρουρά και του
γυρεύανε εργάτες για να πάνε στο
αεροδρόμιο που βοβαρδίζανε, αλλά δεν
έδωκενε μιαν βδομάδα εργάτες. Από' κει
κι ύστερα δεν με πιένανε εμένα μπλιό
στην δουλειά.

After the guard came and they looked for
workers to go to the airport which was
being bombarded but there hadn't been
workers for a week. After that they did
not take me to work anymore.

♠♠♠ ♠ ♠ ♠ ♠ ♠ ♠ ♠ ♠ ♠ ♠ ♠ ♠ ♠ ♠ ♠ ♠

Λοιπόν σε μερικό καιρό είδανε ότι
εκαταρρέανε μπλιό και θωρούσανε πως
θενά φύγουνε, και πιάνουνε λοιπόν και
καλιούσινε τσ'Ελληνικές αρχές κι
έρχουνται.

Ήρθανε καμπόσοι αξιωματικοί της χωροφυλακής, νοματάρχηδες πεντέξε, και βαστάνε ένα κατάλογο και σταθήκανε στην πύλη του στρατοπέδου και διαβάζανε και διαβάζανε και τσι βγάλανε όλους έξω. Όσοι ήσανε από Ελληνικά δικαστήρια και τσ' είχαν εκιά πέρα τσι παίρνουν και φεύγουν κι απομείναμεν εμείς σαρανταπέντε νομάτοι. Σαρανταπέντε νομάτοι Γερμανοκρατούμενοι που μας είχανε τα Γερμανικά δικαστήρια δικασμένους.

Sometime later they realized that they were crumpling and were trying to work out how to withdraw so they invited the Greek authorities to come. There came a few officers from the rural police force, five or six sergeants, and holding a list of names they stood at the camp gate and read out and read out and they freed all of them. Persons that were imprisoned by Greek courts were taken away. There were only forty-five of us left behind. Forty-five German prisoners who had been judged by German courts.

♠♠ ♠ ♠ ♠ ♠ ♠ ♠ ♠ ♠ ♠ ♠ ♠ ♠ ♠ ♠ ♠ ♠ ♠ ♠ ♠ ♠ ♠

Μετά λοιπόν ήταν ένας Πετυχάκης και
ένας Σαλούστρος, και δυο αδερφοί
Σερλάτζηδες, Ιταλοί Έλληνες υπήκοοι,
του Πετυχάκη η γυναίκα ήτονε
Γερμανίδα κι επήγε κι έπιασε τον
Φρούραρχο τον Γερμανό και του είπε να
του δώσουνε δεν ξέρω πόσες λίρες να τ'
αφήσει. Ελησμόνησα να πω, σε
καμπόσες μέρες, γιατί ποτές στο
στρατόπεδο μέσα δεν ερίξανε μπόμπες.
Γύρου γύρου απ' όξω ρίχνανε αλλά μέσα
στο στρατόπεδο δεν ερίξανε μπόμπες.

There was a prisoner called Petihakis and
another one called Saloustros, and two
brothers called Serlatzides, Italians but
Greek nationals. Petihakis' wife was
German so she went and talked to the
German commander and offered him, I
don't know how many, gold sovereigns,
to let them free. I forgot to say that in so

many days the camp itself was never bombarded. The place around the camp was bombarded but no bombs were ever dropped inside the camp.

♠ ♠ ♠ ♠ ♠ ♠ ♠ ♠ ♠ ♠ ♠ ♠ ♠ ♠ ♠ ♠ ♠ ♠ ♠ ♠ ♠

Λοιπόν μια βραδιά όμως έρχουντε δύο τρία αεροπλάνα και ανεμογυρίζανε από πάνω, ανεμογυρίζανε, των εβάνανε τα αντιαεροπορικά. Επετούσανε τους προβολείς και των εβάνανε, των εβάνανε. Ήτονε λοιπόν ένας πυροβολέας στον πόρο του στρατοπέδου και κοιτάζανε για να τονέ βορβαδίσουνε κι αυτόν. Εν τέλει επαρακολουθούσανε καμπόση ώρα ύστερα ήρθανε τα μεσάνυχτα κι εθέκαμεν και κοιμηθήκαμε.

Well one night two or three airplanes came and were circling the camp from above. They were circling and the anti-aircraft guns were firing. They were turning the big anti-aircraft lights and firing and firing. There was an anti-aircraft gun operator at the entrance of the camp and they were trying to bomb him too. Finally they watched for some time and then at midnight we went to our beds for a sleep.

♠♠♠♠♠♠♠♠♠♠♠♠♠♠♠♠♠♠♠♠♠♠

Γιατί κάθε μέρα ήρχουντανε εβάνανε και δεν μας εδιάφερε για τίποτα. Εβάνανε και εκαίγουντον ο κόσμος, δεν μας ένοιαζε για πράμα. Λοιπόν κατά τα μεσάνυχτα αμουλέρνουν μπόμπες για τον προβολέα. Είχενεν μιάν αχτίνα στενόμακρη το συρματοπλεγμένο στρατόπεδο γύρω στα διακόσα πενήντα μέτρα. Ετότες που διαλύθηκε το στρατόπεδο κι απομείναμε σαρανταπέντε νομάτοι μας σέ φέρανε σαν σε εκατό μέτρα. Ρίχνουνε λοιπόν μια σκιζάρα και κόβει τον στύλο τση παράγκας κάνα μέτρο από το κρεβάτι του Πετιχάκη και πάνω, και πέταξεν την παράγκα πέρα, και πεταχτήκανε χώματα εκειδά που μέστανε μέσα στην παράγκα, αρκετά χώματα.

♠♠ ♠ ♠ ♠ ♠ ♠ ♠ ♠ ♠ ♠ ♠ ♠ ♠ ♠ ♠ ♠ ♠ ♠ ♠ ♠ ♠

Because they were coming bombing every day we ignored them. They were setting the whole place on fire, it did not bother us. Well around midnight they dropped bombs to hit the anti-aircraft lights.
The barbed wire fenced camp had a radius of 250 meters. Since the camp was dissolved and only 45 people left they moved the fence to a hundred meters.
So here comes a bomb that cuts our chamber's post about a metre from Petihakis bed and turns the shack on its side and tosses a lot of dirt in the air inside the shack.

♠♠ ♠ ♠ ♠ ♠ ♠ ♠ ♠ ♠ ♠ ♠ ♠ ♠ ♠ ♠ ♠ ♠ ♠ ♠ ♠ ♠

Λοιπόν εδά τελευταία αρχίζανε και δεν μασεμασε κακοποιούσανε και είχανε γνώρα δώσει και με αυτονά τον Πετυχάκη γι γιατί αυτοί επεινούσανε τώρα και αυτός τους τάϊζε ο Πετυχάκης,

των έδινε, και έρχουνται και μασεμασε
φωνάζανε αν σκοτωθήκαμε ή κανείς από
μας.
Δεν εσκοτώθει κανείς μόνο βάλετε μας
στο χαράκωμα.

Lately they had stopped mistreating us
and they had got to know Petihakis
because now they were hungry
themselves and Petihakis provided food
for them. So they came shouting and
asking if anyone one if us was killed. No
one was killed but they moved us to the
trenches.

♠♣ ♠ ♣ ♠ ♣ ♠ ♣ ♠ ♣ ♠ ♣ ♠ ♣ ♠ ♣ ♠ ♣ ♠ ♣ ♠ ♣ ♠

Και μας σέ λένε,
« Τρέξετε στο χαράκωμα.»
 Κι επήγαμε όλοι στο χαράκωμα. Είχανε
δε ρίξει και μπόμπες ωρολογιακές και
απάνω που μπέναμε στο χαράκωμα
αρχίζουν κι άλλες εκρήξεις. Κι ύστερα
μας σέ λέγανε οι Γερμανοί,«Ρολόι
μπόμπα, ρόλοι μπόμπα,» φωνιάζανε.

Αφού αποσκάσανε οι ωρολογιακές
μπόμπες εσηκωθήκαμε.

And they told us, 'Run to the trench.'
And we all went to the trench. They had
thrown time bombs on us as we were
entering the trench and more explosions
started. The Germans were shouting–
'Time bomb, time bomb.' As soon as
bomb stopped exploding we left.

♠♠ ♠ ♠ ♠ ♠ ♠ ♠ ♠ ♠ ♠ ♠ ♠ ♠ ♠ ♠ ♠ ♠ ♠ ♠ ♠ ♠

Το πρωί έρχεται ο διευθυντής του
Ερυθρού Σταυρού, Σουηδός ήτονε, γιατί
ακούσανε ότι σκοτωθήκαμε, κι ήρθενε ο
Ερυθρός Σταυρός, και πάει και πιάνει τον
Διοικητή του αεροδρομίου και του λέει,
«Αυτοί οι κρατούμενοι απου έχετε εδώ
δέ πρέπει να πατέρνουν τις ψυχικές
οδύνες απού πατέρνετε κι εσείς.»
«Ώστα πά' τανε,» του λέει, «το
στρατόπεδο όλο επαέ δεν είχαμε ήντα
τσοι κάμωμε, είναι σαράντα νομάτοι.»

In the morning the commander of the Red Cross arrived, he was Swedish, because they heard that we got killed. The Red Cross went to the airport commander and said, 'The prisoners you have here should not have to suffer mentally the way you suffer.'

'Up to now,' he said, 'there were forty people in the whole camp, and we did not know what we could do.'

♠♠♠♠♠♠♠♠♠♠♠♠♠♠♠♠♠♠♠♠♠

«Λοιπόν να πάρομε ένα σπίτι εδώ στο Μενίδι, κι εμείς θα τροφοδοτούμε την φρουρά να τσοι φυλάει να μην τους αφήσομε να σκοτωθούνε γιατί είναι κρίμα οι άνθρωποι να έχουν σύρει όσα δεινά έχουνε σύρει και να σκοτωθούνε. Γιατί να σκοτωθούνε;»
Άλλα γυρίζει και του λέει,
«Αυτοί δεν είναι καλιά από εμάς. Και δεν εδέχτηκε την πρόταση.»

'We will find a house in Menidi and we

will provide the garrison with food and look after them and not leave them to be killed. It is a pity to let them get killed, humans who have gone through so much suffering. To be killed. Why should they get killed?' But he (the commander) turned and said– 'They are not better than us' and did not accept the proposal.'

♠♠ ♠ ♠ ♠ ♠ ♠ ♠ ♠ ♠ ♠ ♠ ♠ ♠ ♠ ♠ ♠ ♠ ♠ ♠ ♠

Ύστερα λοιπόν πάει του Πετυχάκη η γυναίκα και πιάνει τον Κομαντατούρη και του λέει πόσες χρυσές λίρες θα δώσουνε να απαλλάξουνε τον άντρα της, τους Φερλατζήδες, τον Σαλούστρο και δυό Κάκηδες .
Αυτοί είχανε λεφτά, πλούσιοι, και πλερώσανε τσι λίρες που συμφώνησαν και το πρωί θενά τ' απολύσουνε, κι ύστερα πάει ο Πετυχάκης με τον Σαλούστρο πέμπουνε την γυναίκα του Πετυχάκη να πάει να πει ότι θα πληρώσουν και για μένα κι ένα Δρακάκη από την Κάνδανο της Σελίνου, Νικολή

τονέ λέγανε.

Then Petihakis' wife went to the commander and told him how many gold sovereigns she would give him if they released her husband, the Ferlatzides, Saloustros and the two Kakides. They had money, rich people, and they paid the gold they agreed and the next morning they were to be released. Then Petihakis and Saloustros sent Petihakis' wife to go and tell the commander that they would pay for me and another person called Drakakis from Kandanos in Selinos as well–Nikolis was his name.

♠♠ ♠ ♠ ♠ ♠ ♠ ♠ ♠ ♠ ♠ ♠ ♠ ♠ ♠ ♠ ♠ ♠ ♠ ♠ ♠ ♠

Κι ύστερα έρχεται και μου λέει εμένα ο Πετυχάκης,
«Να δώσω θέλω για το χατηράκι σου διακόσες χρυσές λίρες να σ'απαλλάξουν κι εσένα.»
«Να σου πώ Φαίδρο, » του λέω, «εγώ» του λέω, «δεν έχω να σου τσί δώσω αλλά

μόνο ο θεός αν σου το γνωρίζει.»
«Μωρέ τρελέ,» μου λέει, «για να μου τσι
ξαναδώσεις.» Εν τέλει πάει η γυναίκα
του, το λέει του Κουμαντατούρη κι όμως
τση λέει
«Τον Μπερβανάκη με τον Δρακάκη,
κατ'ουδένα τρόπο μπορούμε να
τσ'απολύσομε. Διότι αυτοί έχουνε», λέει,
«βαρύ κατηγορητήριο,» και ξέρω γω.

And then Petihakis comes to me and tells
me, 'I want to give as a favour to you two
hundred gold sovereigns so they release
you too.'
'Listen Fedro', I said, 'I cannot pay you
back, only God can do that.'
'You're crazy to pay me back.' he said.
Finally his wife went to the commander
and told him and he said,
'There is no way we could release
Bervanakis and Drakakis because their
indictments are serious', and I don't
know what else.

♠♠ ♠ ♠ ♠ ♠ ♠ ♠ ♠ ♠ ♠ ♠ ♠ ♠ ♠ ♠ ♠ ♠ ♠ ♠ ♠ ♠ ♠

Εν τέλει φύγανε αυτοί ως πληρώσανε, τσ' αφήκανε και φύγανε. Επεράσανε δυό τρείς ημέρες. Και γροικούμενε μια βοή πρωί-πρωί, κατά τις εννιά, γροικούμε μια βοή απού την Πάρνηθα το βουνό, και γροικούμε μια βοή και τάξε πως εχάλανε ο κόσμος. Και έρχουνται δύο πρωτήτερα από την Πεντέλη κ' είχαν το σχήμα των γερμανικών αεροπλάνων κι είχαν τα πόδια των αμουλερμένα δήθε πώς θενά προσγειωθούνε στην προσγείωση.
Την ώρα λοιπόν απούτανε χαμηλωμένα, ήτανε γεμάτο το αεροδρόμιο αεροπλάνα γιατί εφεύγανε οι Γερμανοί, γροικούμε κρρρρρ κρρρρρ και εβάνανε μέσα στο αεροδρόμιο, και παίρναν τ'αεροπλάνα φωθιά κι απόις παίζουνε πάλι μια μυτέ προς την Πεντέλη και των έβαναν τ'αντιαεροπορικά.
Eventually they left too as soon as they had paid. They left and fled. Two or three days passed and we heard a roar early in the morning about nine o'clock. We

heard a loud roar coming from Mt. Parnitha. We heard a loud roar like the whole world was being destroyed.

There came earlier two (airplanes) from Penteli way and their wheels were down as if there were going to land. So the time they were at the lowest altitude the aerodrome was full of airplanes because the Germans were departing, then we heard this sound Krrrrrrrr, Krrrrrrrr, and they were strafing toward the airport and the airplanes were on fire and then at once they returned back towards Penteli and the anti-aircraft guns were firing.

♠♠ ♠ ♠ ♠ ♠ ♠ ♠ ♠ ♠ ♠ ♠ ♠ ♠ ♠ ♠ ♠ ♠ ♠ ♠ ♠ ♠

Την ώρα που των εβάνανε τα'αντιαεροπορικα προς την Πεντέλη γροικούμε τη βοή απού πέρνεντον ο κόσμος.

Εδά, εδά ξεπροβαίνουν από την Πάρνηθα κι έπηξεν ο ουρανός με τ'αεροπλάνα. Ότι ώρα κι επρόβαλαν την Πάρνηθα αμουλάρανε δεν γατεώ πόσες μπόμπες, κι εσίστηκεν ο κόσμος. Ύστερα των εβάναν τ' αντιαεροπορικά γιατί ήταν δύο χιλιάδες αντιαεροπορικά ηλέγαν κειδά πέρα του Τατοΐου. Εβάναν και εγροίκας κι εσειέταν η γης κι ο κόσμος.

While the antiaircraft guns were firing towards Penteli we heard a loud roar that could be heard everywhere.
And then they appeared from Parnitha. The sky was filled with airplanes. As soon as they appeared from Parnitha they dropped I don't know how many bombs that shook the whole place. Then the antiaircraft guns were firing. They said there were 2000 anti-aircraft guns over Tatoi. They were firing and the world shook.

♠♠ ♠ ♠ ♠ ♠ ♠ ♠ ♠ ♠ ♠ ♠ ♠ ♠ ♠ ♠ ♠ ♠ ♠ ♠ ♠

Αλλά ύστερα εθώριες κι ήρχουντανε, ετριγυρίζανε γύρου γύρου απού το βουνό σμήνη, σμήνη, κι αμουλέρνανε, κι αμουλέρνανε, κι αμουλέρνανε, κι ύστερα

χάσανε λοιπόν το ηθικό τους τα
αντιαεροπορικά, τα καθηλώσανε, κι
αμουλέρνανε κι αρπά ο κόσμος, είχανε
κάτι καταφύγια κι είχανε μέσα βαρέλια
βεζίνες, κι επέσανε οι μπόμπες, κι
εθώριες κι εβγάνανε φωθιές κι εκάναν
έκρηξη κι αντιντέρναν από πά και την
πέρα μεριά τα βαρέλια.

Later you could see them coming and
circling around the mountain, swarming,
swarming, diving and diving and diving
and the anti-aircraft gunners stopped.
They lost their minds and were crippled.
The planes dived and had the world in
their grasp.
There were some shelters with barrels of
petrol and the bombs fell and you could
see the explosions and the flames from
where we were to the far side of the
drums.

♠♠ ♠ ♠ ♠ ♠ ♠ ♠ ♠ ♠ ♠ ♠ ♠ ♠ ♠ ♠ ♠ ♠ ♠ ♠ ♠ ♠

Εμείς λοιπόν τοτεσιδά εσφίξαμε κι

επέσαμε στο χαράκωμα μέσα. Οι Γερμανοί επήγανε στο καταφύγιο. Ήταν στην πύλη του στρατοπέδου το καταφύγιο. Ο Γερμανός απού πολέμα τσι σκύλους, δεν επρόλαβε να πάει κι ήρθε κι έπεσε κι αυτός μετά μας εκιά στο χαράκωμα. Λοιπόν εβοβαρδίζανε, εβοβαρδίζανε, και δεν αφήκανε έλεος του θεού. Μόνο ανασκάψανε ούλο τον κόσμο. Ούτε Γερμανός ούτε δαιμόνοι στην δροσιά απού γλύτωσενε. Κι εγροίκας μόνο μια βοή *Μπού μπού μπού ού ού ού.*

Κι έπηξεν ο κόσμος με τσι καπνούς, με τσι φωθιές, κι εθώριες κι έκανε ετσέ πέρα και πόδε. Έσιέτον ο κόσμος! Φαντάσου ελέγανε πως ήτανε πεντακόσια αεροπλάνα κι ηλέγανε πως ήταν τα τρακόσια βορβαδιστικά.

Then we jumped in the trench. The Germans went to the shelter. The shelter was at the main gate of the camp. The German who was trying to control the dogs could not make it and came and jumped into the trench with us. So they bombed and bombed and left nothing to God's mercy. They burned the whole place completely. Neither German nor demons escaped.

The only sound you could hear was this *Booo ooo ooom.* And the whole place was filled with smoke and flames and you saw it everywhere. The world was trembling. Think of it. It was said that there were 500 airplanes, 300 of them bombers.

♠♠ ♠ ♠ ♠ ♠ ♠ ♠ ♠ ♠ ♠ ♠ ♠ ♠ ♠ ♠ ♠ ♠ ♠ ♠ ♠

Κι εβοβαρδίζανε, εβοβαρδίζανε, εβοβαρδίζανε, ως τα που τα κάμανε στάχτη ούλα, στάχτη! Κι ετότεσειδά λοιπόν ήμεστανε μαζί με τον Γερμανό πεσμένοι στο χαράκωμα, κι ένας Αλέκος Τζαβέλας τον ελέγανε ανθυπολοχαγός από τα Γιάννενα και ύστερα δα έκανεν ο Γερμανός ετσιγέ «Γά, γά, γά, γά, γά, γά, γά, γά, γά, αλεξίπτωτο, αλεξίπτωτο, Ίγκλις, Ίγκλις, αλεξίπτωτο».

And they bombed and bombed until they turned everything to ashes. Ashes. We were there lying down in the trench with the German. There was a second lieutenant from Ioannina with us, his name was Alekos Tzavelas. And then the German said something like 'Ga, ga, ga, ga, ga, ga, ga, ga, ga, ga, parachute, parachute, English, English, parachute.'

♠♠ ♠ ♠ ♠ ♠ ♠ ♠ ♠ ♠ ♠ ♠ ♠ ♠ ♠ ♠ ♠ ♠ ♠ ♠ ♠

Ύστερα ο κερατάς ετσά που εθώρουνε κι εχτύπανε το κατωσάγωνο ντου σαν την μηχανή, δεν γατέω πώς μού'ρθενε κι εμένα και κρυφογέλαξα, και του κάνω. «Ίγγλις κερατά αλεξίπτωτο, κερατά,» του λέγα κι εγώ.
Και ύστερα δά ήμεσταν εκειδά κι εβοβαρδίζανε, κι εδά εδά θωρούμεν και έρχουντε ένα σμήνος αεροπλάνα κι αμουλάρανε πεντέξε μπόμπες στο καταφύγιο μέσα, κι θωρούμε και το τινάξανε στον αέρα κι εκάμανε μια χαράδρα δυό φορές σαν το σπίτι.

♠♠ ♠ ♠ ♠ ♠ ♠ ♠ ♠ ♠ ♠ ♠ ♠ ♠ ♠ ♠ ♠ ♠ ♠ ♠ ♠ ♠ ♠

Then I saw the cuckold who was standing
there with his jaw vibrating like a
machine and I don't know how it
happened and I stifled a grin and said to
him, 'English, bastard, parachute,
bastard,' I said to him. And later while
we were still there they bombed and we
saw a squadron coming which dropped
five or six bombs onto the shelter and
they blew it up and they made a crater
two times the size of the house.

♠ ♠ ♠ ♠ ♠ ♠ ♠ ♠ ♠ ♠ ♠ ♠ ♠ ♠ ♠ ♠ ♠ ♠ ♠ ♠ ♠

Ύστερα λέω εκείνουνα του Τζαβέλα τ'
Αλέκο, κι ένα Σπύρο τον ελέγανε
Σπύρο…εξέχασα δά το επίθετο του λέω,
τους λέω.
«Μωρέ! Αντέστε κακομοίρηδες να
φύγωμενε γιατί αν ζιούνε ύστερα οι
Γερμανοί δαιμόνοι στον ένα μας απού θ'
αφήσουνε. Θα μασε σκοτώσουνε ύστερα
ούλους. »

Λέει, «Μρε κακομοίρη. Ντα μπορείς
μπρε με κείνα τα πυρά να φύγεις απού θα
μας σέ κάμουνε στάχτη. Αντέστε να
κάμωμε κακομοίρηδες την απόφαση μα
μείς όπως, όπως χαμένοι είμαστε, και
μπορεί να γλυτώσομεν εμείς εδά.»

Then I said to this Tzavelas Aleko and
another one, his name was Spyros,
Spyros, I forgot his surname, and I said to
them,
'Hey. Come on you wretches let's get
going because if the German demons are
alive they will spare no one. They will
kill us all.'
He said, 'You wretch. What can you do
with these flames? They will turn us to
ash. Let's make a decision, you wretches,
for we are lost anyway; we can save
ourselves now.'

«Ότι να ξεχυθούμε να φύγομε λίγα λίγα
απου το στρατόπεδο, μπόμπες δεν
πέφτουν από' κιά και κάτω, μόνο αντέστε

...Παίζουνε μια μύτε προς την Πεντέλη και των έβαναν τ'αντιαεροπορικά...

*...they returned back towards Penteli and the anti-aircraft guns were firing*

♠ ♠ ♠ ♠ ♠ ♠ ♠ ♠ ♠ ♠ ♠ ♠ ♠ ♠ ♠ ♠ ♠ ♠ ♠ ♠ ♠

αν θέλετε να κάμωμε την απόπειρα να
φύγομε.» Κι όμως εδειλιούσανε και
τούτα και κείνα.
Κι ύστερα λέω και γώ,
-«Διάλε τσ' απωθαμένους του μωρέ απού
την έχει ζωή ντου, ντα εγώ τόσα χρόνια
μου κάνουν τα ότι μου κάνουν. Εδά πάλι,
δεν πρόκειται να γλιτώσω, λοιπόν να
δώσω θέλω τ' άπατού μου και στο γέρο
ντο διάολο. » Και σπώ λοιπόν πέρα.

'We should spread out and leave the
camp slowly as no bombs are falling
from here and beyond. Only hurry up if
we are to attempt to go.' But they were
still afraid for one reason or another.
And then I said, 'What the devil? I am
still alive. When so many years they did
what they could to me. If I stay I will not
be saved. I want to help myself, the devil
take the hindmost.' And I left.

♠ ♠ ♠ ♠ ♠ ♠ ♠ ♠ ♠ ♠ ♠ ♠ ♠ ♠ ♠ ♠ ♠ ♠ ♠ ♠

Σηκώνομαι γώ από το χαράκωμα και
σφίγγω πέρα. Αλλά όντεν ήμουν κι εγώ
εις τα μέσα του στρατοπέδου, εδείλιασα.
Εξάνοιξα να δώ και κιανένα πίσω μου
και δεν είδα.Κι ετσιγέ, εδείλιασα. Κι
απόις είπα πάλι.
«Άσ' το διάλο. Ντα γώ όπως όπως.»
Και σφίγγω λοιπόν κι όντεν έβγαινα από
το  στρατόπεδο γροικώ από πίσω μου,
«Βρε Στέλιο! Περίμενε.»
«Αντέστε μωρέ! Γλακάτε» τονέ λέω.

I stood up and clambered out of the
trench and left. But when I was in the
middle of the camp I lost courage. I
checked behind me but saw no one. Right
there I was scared. And then I said,
'What the hell, I'll do it in any way I
can.'  And I continued and as I was
getting out of the camp I heard from
behind me:
'Hey Stelio, wait.'
'Come on, run.' I said to them.

♠ ♠ ♠ ♠ ♠ ♠ ♠ ♠ ♠ ♠ ♠ ♠ ♠ ♠ ♠ ♠ ♠ ♠ ♠ ♠ ♠ ♠

Κι ύστερα ξεσπά ένας ένας, κι ήτονε ως
βγείς από το στρατόπεδο, ήτονε
κατηφοριά ίσια κάτω κι ήτονε και μια
χαράδρα τέτοια κάτω.
Κι ύστερα ξεκόβομε και σπούμενε κάτω,
και φεύγομε. Εγώ δα εγλάκουνε ομπρός,
ομπρός γιατί ήμουνε και στην ομπρός
πάντα. Και μου φωνιάζει ένας Νικόλας
Καρανίκας τον ελέγανε, ήτονε από το
Μενίδι,
«Βρε Στελή. Περίμενε βρε ετά στο
λιόφυτο να φωνιάξω να μας φέρουνε
ρούχα να βάλωμε.»

And then one by one they broke out. And
outside the camp it was downhill, straight
down where there was a big ravine. And
then we left running downhill. I was
running in the front because I was always
in front. And a man called Nikolas
Karanikas from Menidi shouted at me,
  'Steli wait here in the olive trees and I'll
call someone to get us clothes to wear.'

♠ ♠ ♠ ♠ ♠ ♠ ♠ ♠ ♠ ♠ ♠ ♠ ♠ ♠ ♠ ♠ ♠ ♠ ♠ ♠ ♠

Κι ύστερα δα του λέω,
«Ναι, ναι γλάκα.»
Και ύστερα φωνιάζει αυτός εκιά στο
χωριό,
«Ρούχα μωρέ! Ρούχα μωρέ! Ρούχα!»
Τ'ακούσανε οι γυναίκες και μας
πετούσανε παντελόνια, σακάκια, κι
εβγάλαμε εκιά στο λιόφυτο τσι στολές, κι
εβάλαμε αυτά που μασέ δίδανε, κι
ύστερα δεν μασε γνώριζεν κιανείς.
Εγινήκαμε σαν και τσ΄άλλους πολίτες,
και πέρνομε κάτω ύστερα, και μου λέει
τούτοσας ο Λέζος, ο Σπύρος,
«Κατέεις να σταθούμε κι εδά που θα
περνά το τρένο να μπούμε.»

And I said to him, 'Yes, yes run.' And
later in the village he shouted, 'Clothes,
clothes please clothes.' The women heard
it and they threw us trousers and jackets
and we put the clothes on there among
the olive trees. After that no one could
recognize us. We looked like the rest of

the citizens. And as we were walking,
this Spyros Lezos said to me,
'You know what we will wait here and
get on the next train.'

♠ ♠ ♠ ♠ ♠ ♠ ♠ ♠ ♠ ♠ ♠ ♠ ♠ ♠ ♠ ♠ ♠ ♠ ♠ ♠ ♠

«Ήντα λέεις;» του λέω!
«Οϊ, όϊ, εγώ στο τρένο.» του λέω, «Με τα
πόδια στο διάλο να μη μας έγνωρίσουν
στο τρένο να μας επιάσουνε.»
«Σώπα μωρέ, » μου λέει, «μα δεν μας
εγνωρίζει εμάς άνθρωπος εδά. Ποιος μας
εγνωρίζει; Κι απόις αυτοί οι Γερμανοί
σκοτωθήκανε ούλοι απού ήσανε στο
στρατόπεδο.»
Ας είναι τέλος πάντων, εσταθήκαμε.
Εμπήκαμεν ύστερα στο τρένο και πάμε
στον Πειραιά.

'What are you talking about?' I said. 'No,
not me on the train. What the hell I'm
walking so they won't recognize us on
the train and arrest us.'
'Hush no one knows us here,' he said,

'who knows us? All the Germans in the camp were all shot.'

Finally we stood there waiting. Later we got on the train and went to Piraeus.

♠ ♠ ♠ ♠ ♠ ♠ ♠ ♠ ♠ ♠ ♠ ♠ ♠ ♠ ♠ ♠ ♠ ♠ ♠ ♠

Απείς επήγαμε στον Πειραιά πάμε σ'ένα φραγκοράφτη και μου λέει,

«Ε! Εγλυτώσαμεν εδά Στελή, μόνο διάλεξε ένα κουστούμι.»

Εκρέμουνταν εκειδά κουστούμια ρούχα.

«Διάλεξε ένα κουστούμι ρούχα να τα βάλεις.»

«Μωρέ δος μου κι ό,τι θέλει ας είναι,» του λέω.

Και μου λέει, ήτονε δά καλοκαίρι, και μου λέει,

«Εκείνο τ'άσπρο κουστούμι θα βάλεις.»

«Όϊ, δεν βάνω γώ άσπρο κουστούμι μόνο.»

Κι ύστερα μού δώκεν ένα κουστούμι και τόβαλα.

As soon as we arrived in Piraeus we went

to a tailor and then he said, 'Hey! We are free Steli, choose a suit.'

There were suits hanging. 'Pick up a suit to wear.'

'Give me anything.' I said. And he said to me,

'This one, you can wear the white suit because it is summer.'

'No I am just not wearing a white suit,' I said and then he gave me another one and I tried it on.

♠ ♠ ♠ ♠ ♠ ♠ ♠ ♠ ♠ ♠ ♠ ♠ ♠ ♠ ♠ ♠ ♠ ♠ ♠ ♠ ♠

Ύστερα εσέβομέστανε. Δεν εβγαίναμεν όξω γιατί ήτανε Γερμανοί ακόμη, κι ήμουν εκειδά πέρα πολύν καιρό. Μια φορά λοιπόν το μαθαίνει κείνος ο Μανιούδης ο Πέτρος, ήτανε γειτόνοι και έρχεται και του λέει.

«Μωρέ Σπύρο. Έμαθα μωρέ πως έχεις επαέ ένα και λένε πως είναι Κρητικός. Να τονέ δώ μωρέ κ'εγώ μη μπανά τονέ γνωρίζω.»

Και ύστερα τέλος πάντων ήρθε στο σπίτι

και μου λέει,

After that we were respectable. We didn't go out because the Germans were still there. And I stayed there for a long time. One day this Petros Manioudis, a neighbour, heard about me and he came and said to him.

'Hey Spyros I heard that you have someone here who comes from Crete. I would like to see him because I might know him.' Later he came home and said to me,

♠ ♠ ♠ ♠ ♠ ♠ ♠ ♠ ♠ ♠ ♠ ♠ ♠ ♠ ♠ ♠ ♠ ♠ ♠ ♠ ♠

«Από πούσαι μωρέ;»
Λέω, «Απου την Κρήτη.»
«Ναι απού την Κρήτη μα από πού;»
«Από την Ασή-Γωνιά μωρέ,» του λέω.
«Μωρέ Μπερβανής είσαι μωρέ;»
«Ναι,» του λέω.
«Του Αλέξαντρου είσαι αδερφός;»
 «Ναι,» λέω.
«Μείς μωρέ με τον Αλέξαντρο γυρίζαμε

μαζί.» Και τούτα και κείνα.

'Where are you from?'
, 'From Crete' I replied.
'Yes, from Crete but from which part?'
'From Asi Gonia.' I said.
'Are you a Bervanis my friend?'
'Yes.' I said.
'Alexander's brother?'
'Yes.'
'We use to hang out together with
Alexandros,' and this and that.

♠ ♠ ♠ ♠ ♠ ♠ ♠ ♠ ♠ ♠ ♠ ♠ ♠ ♠ ♠ ♠ ♠ ♠ ♠

Ναι και πολέμανε δα ύστερα και λέει του
Σπύρο μρε, «Εγώ θα τονέ πάρω στο
σπίτι.» Ήτονε άτεκνος, κι όμως ο Σπύρος
του λέει,
«Οϊ, όϊ. Εμείς δεν τ'ολπίζαμε πως θα
σωθούμε και ώστε νάμεστανε παζέ τονέ
θέλω στο σπίτι μου.»
Εν τέλει ύστερα εστάθηκα γώ, μετά
έρχεται μιάν άλλη μέρα ο Πέτρος και
μασέ λέει,

«Αντέστε να πάμε εκιέ σε μια νταβέρνα να πιούμε καμπόσες μα οι Γερμανοί δεν κάνουν αυτοί δα καθόλους έλεγχο, δεν ρωτούνε ξέρω γω, κι απόις και να τύχει πράμα» μασέ λέει, «θα τσι σκοτώσομε τσοι κερατάδες. »
Παλικάρι όμως.

After a while he said to Spyro,
'Hey I'll take him home,' he had no children.
But Spyros said,
'No, No. We were not expecting to survive and now that we are here I want him in my house.' So I got up. One day Petros said to us, 'Come on, let's go to the tavern over there and have a few drinks. The Germans do not check at all. They do not ask questions and if something happens we will kill the bastards.' He was brave.

♠ ♠ ♠ ♠ ♠ ♠ ♠ ♠ ♠ ♠ ♠ ♠ ♠ ♠ ♠ ♠ ♠ ♠ ♠ ♠ ♠

Λοιπόν πάμενε και μπαίνω μέσα κι ήτονε

ένας, ήτονε Χιονιάς αυτός, Κρητικός. Κι ήτονε του Χιονιά του ανηψιού άπου σκότωσεν την Αλεξάνδρα ήτονε ξάδελφος. Και μπαίνω γω και μασέ βάνει ετσά σ' ένα ιδιαίτερο μέσα κι εμπήκαμε, κι ως εμπήκα είδα του Γέρο την φωτογραφία είδα κειδά (Γέρο λενε στό χωριό τον αείμνηστο Παύλο Γύπαρη) κι ύστερα γυρίζω και λέω,

«Για μωρέ το γέρο Παυλή επαέ.»

Κι ύστερα μου κάνει,

«Γνωρίζεις τονε μρέ;»

«Γνωρίζωτονε του λέω.»

Κι ύστερα του κάνει, ο Μανιούδης,

«Ντά δεν είναι χωριανοί κι είναι και μπάρμπας του.» Γυρίζει και του λέει,

«Χωριανοί;»

«Απού την Γωνία μωρέ' σαι;»

Λέω, «Ναι.»

Λέει, «Πώς λέγεσαι;»

Ετσιγέ του λέω.

«Μια σας ανηψιά μωρέ την Μπερβανοπούλα έχει ένας μου ψάδελφος παρμένη. »

Λέω, «πρώτα ξαδέλφια,» του λέω,

«μάστε.

Ύστερα κάτσαμε δά κιά πέρα, ήπιαμε, εδιασκεδάσαμε, και σε καμπόσες ημέρες θελά φύγει ο Σπύρος, , και μου λέει.

«Εγώ θα κατεβώ στην Κρήτη, στην Κίσαμο.»

So we went and there was a Cretan, a Chiona. He was cousin of the Chionia, who killed Alexandra. And I entered and he put us in a private room. On entering I saw the *old man*'s photograph on the wall, (in our village we call *old man* the late Pavlos Giparis) and I turned and I said to him.

'This is old Pavlos.'

And he said, 'Do you know him?'

'Yes, I know him.'

Then Manioudis said, 'Not only from the same village but he is his uncle as well.'

'From the same village? Are you from Gonia too?'

'Yes.'

'What is your name?'

I tell him.

'One of my cousins is married to a Bervanopoula, one of your nieces?'
'Then we are first cousins.'
And we sat there and we drunk and amused ourselves. After a few days Spyros wanted to leave and he said to me.
'I am going down to Crete, to Kisamos.'

♠ ♠ ♠ ♠ ♠ ♠ ♠ ♠ ♠ ♠ ♠ ♠ ♠ ♠ ♠ ♠ ♠ ♠ ♠ ♠ ♠

Λοιπόν μου λέει, «άμε να βγάλης μια φωτογραφία, και θα δω κιανένα σας χωριάνο να του τη δώσω, να το μάθουμε πως ζείς κιόλας.»
Εβγάλαμενε φωτογραφίες κι ύστερα εκατέβηκεν επάε κι έδωκεν τσι φωτογραφίες κι εμάθανε πως εζίουνε κι όλας.
Του λέω, «Μρέ Σπύρο. Δεν κάθομαι γιατί εγώ ντρέπομαι. » του λέω.
«Σώπα μωρέ.» και ξέρω γω!
«Οϊ δεν καθίζω. Δεν καθίζω, του λέω, «μονό.»
«Κι άμε ίντα θα γενής;»
«Να πάω θέλω κεί πάνω. Να ξανείξω

θέλω με παντοίους τρόπους να πάω στσ'
Αμπελοκήπους.»
Λέει,
«Ας είναι, ας είναι. Θα τα κανονίσουμε.»


Well he says, 'Go and have your
photograph taken and if I see anyone
from your village I'll give it to them so
they know that you are alive.'
We got the photographs and after he
came here (Asi Gonia) and showed the
photographs and they knew that I was
alive.
I said to Spyros,
'I am not staying because I am
embarrassed.
He said hush and I don't know what else.
'I am just not staying.'
'What are going to do?'
'I want to go up there. I am looking to go
by any means to Ampelokipos.'
'All right, all right. We will arrange that.'

♠ ♠ ♠ ♠ ♠ ♠ ♠ ♠ ♠ ♠ ♠ ♠ ♠ ♠ ♠ ♠ ♠ ♠ ♠ ♠ ♠

Και πουλεί ένα μπιστόλι τόχενε και
πήρενε δύο λίρες. Και λέει τση γυναίκας
του,
«Εδά θα πάρης το Στελή. Να πάης να
μπήτε στ᾽αυτοκίνητο. Και θα τονέ πάης
κατευθεία τ᾽Αντρέα να τονέ παραδώσεις.
Και θα χαλάσης τη μια λίρα να πάτε, και
την άλλη λίρα θα του δώσεις.»
 Επήγαμε ύστερα στ᾽αυτοκίνητο κι οντέν
είμαστε ανάμεσα Πειραία και Αθήνα,
ήτανε από τότες οι οργανώσεις κι ήταν κι
Γερμανοί κιπέρα αλλά οι Γερμανοί δεν
εκάνανε ρώτημα.

And he sold a pistol that he had and he
took two gold sovereigns for it. He said
to his wife, 'You will take Stelios and go
to hire a car. You will take him straight to
Andreas and deliver him. You will spend
one gold coin for the trip and you will
give him the other.' So we went to the car
and as we were between Piraeus and
Athens and there were Germans there but

they did not interrogate us.

♠♠ ♠ ♠ ♠ ♠ ♠ ♠ ♠ ♠ ♠ ♠ ♠ ♠ ♠ ♠ ♠ ♠ ♠ ♠ ♠ ♠

Ότι εκάνανε πόλεμο οι δικοί μας και
εσκοτώνουντο δεν τους ένοιαζε
καθόλους. Λοιπόν οντέν είμαστε
ανάμεσα Πειραία και Αθήνα μας
έπαρακολούθιενε ένα παιδάριο σ'ένα
ποδήλατο, κι ήτανε μέσα ένας Τσολιάς.
Ταγματασφαλίστης. Κι εφόριεν ο
Τσολιάς μια ξιφολόχη κι ένα μπιστόλι
στην μέση ντου. Όταν βρεθήκαμε λοιπόν
σ'ένα μέρος και δεν ήτανε εκιά σπίθια
και Γερμανοί πότες εβγήκενε τση
πουτάνας ο γυός απάνω απού το
ποδήλατο χωρίς να το σταματήσει κι
ήτονε και στ'αυτοκίνητο βγαρμένος, κι
είχε ένα μπιστόλι σερμένο και του το
θέτει στο μήλιγγα του Τσολιά.

When our soldiers were fighting and
were killed it did not bother them at all.
Well when we were between Piraeus and
Athens a young man on a bicycle was

following us. He was a Palace guard and member of the National security battalions (many times cooperating with the Germans). He had a bayonet and a pistol in his belt. When we reached a place with no houses or Germans, the son of a bitch jumped off the bicycle without stopping and coming out of the car I had already drawn my pistol and put the pistol to the guard's temple.

♠♠ ♠ ♠ ♠ ♠ ♠ ♠ ♠ ♠ ♠ ♠ ♠ ♠ ♠ ♠ ♠ ♠ ♠ ♠ ♠ ♠

Κι ύστερα δα εμπήξανε οι γυναίκες τσι φωνές, και κλαίγανε, και φωνιάζανε, και πιάνει τότε και του ξεζώνει τη ζωστήρα με το μπιστόλι και με την ξιφολόχη απού την μέση ντου, κι απόις γυρίζει— *τάκ, τούκ, τάκ, τούκ,* και του κάναμε θράψαλα την κεφαλή ντου με την ξιφολόχη και με το μπιστόλι.

The women started shouting and crying. Then he undid the guard's belt with the bayonet and the pistol and took it. And

then he turned and—*tak, touk, tak, touk*—
we smashed his head with the bayonet
and the pistol.

♠ ♠ ♠ ♠ ♠ ♠ ♠ ♠ ♠ ♠ ♠ ♠ ♠ ♠ ♠ ♠ ♠ ♠ ♠ ♠

Κι απόις ύστερα του κάνει,
«Βρε προδότη! Θα σου πέταγα τα μυαλά
στον αέρα, να συγχωράς τω
γυναικόπαιδω πούνε εδώ μέσα.»
Κι αφήσανε τον και του παίρνει το
μπιστόλι κλπ. , και καθίζει πάλι στο
ποδήλατο και φεύγει.
Εν τέλει τέλος πάντων επήγαμενε εμείς
απάνω στσ'Αμπελοκήπους και με πάει
κειδά πάνω στ'Αντρέα και βγάνει ύστερα
τη λίρα και μου τηνέ δίδει. Εγώ δεν την
ήθελα κι όμως δεν άφηκε παρά μου την
έδωκε.

And then he said to him, 'You traitor. I
should blow your brains out, may the
ladies and kids present forgive me.' And
they let him go but kept his pistol. He got
on the bicycle and fled. Finally we

arrived at Ambelokipos and he took me to Andreas and took the gold sovereign out and gave it to me. I did not want it but he insisted.

♠♠ ♠ ♠ ♠ ♠ ♠ ♠ ♠ ♠ ♠ ♠ ♠ ♠ ♠ ♠ ♠ ♠ ♠ ♠ ♠

Έφυγεν αυτός και κατέβηκε κάτω, κι απόμεινα γω εκιά πέρα. Σε λίγες μέρες εδά ήτανε φευγάτοι οι Γερμανοί ετότεσας εδίδανε αυτοί φοβέρα γιατί θενά πισθοχωρήσουνε, φωνιάζουνε μια μέρα 'μπλόκος, μπλόκος', κι ήτονε ο κακομοίρης ετούτος ο Φιαροκόπετρος παωμένος, επέρνανε ένας μοτοσικλετιστής αξιωματικός στην Καισαριανή, και τονέ σκοτώσανε οι αντάρτες. Ύστερα λοιπόν κάνουνε μπλόκο και σκοτώναν τον κόσμο. Εσκοτώσανε πεντακόσιους νομάτους, κι εσκοτώνανε ετότεσας και τον Φιαρουκόπετρο τον κακομοίρη.

So he left and went back down and I was left there. In a few days the Germans were leaving and they were something to be frightened of because they wanted to withdraw. One day we heard loud voices 'Block, block' and it was poor Fiarokopetros. said that an officer on a motorcycle was killed by the rebels in Kaisariani. They cordoned off the area and they killed people. They killed five hundred people and it was then that poor Fiarokopetros was killed.

♠ ♠ ♠ ♠ ♠ ♠ ♠ ♠ ♠ ♠ ♠ ♠ ♠ ♠ ♠ ♠ ♠ ♠ ♠ ♠

Ναι και ύστερα δα επιστοχωρήσανε. Οντέν επιστοχωρούσανε είχανε βγάλει διαταγή και κλειστήκανε ούλοι μέσα και εκάνανε την οπιστοχώρηση. Ύστερα απείς εφύγανε εμπήκενε ύστερα μπροστά και τ'άλλα κακό, και γίνουντανε πόλεμος ολόκληρος πόλεμος κάθε μέρα και σε λίγες μέρες άρχιξε η γενική επίθεση του Ε. Α. Μ. τα Δεκεμβριανά του 1944.

And then the Germans started withdrawing. As they were leaving they ordered everybody to stay inside and they started the evacuation.

When everybody had left, other things started. Bad things. And there was a war, a full-scale war everyday and a few days later E.A.M. (National Liberation Front) started the general attack—the events of December 1944.

♠ ♠ ♠ ♠ ♠ ♠ ♠ ♠ ♠ ♠ ♠ ♠ ♠ ♠ ♠ ♠ ♠ ♠ ♠

Κάποτε εβορβαδίζανε στο Τατόϊ κι ανάμεσα την απόφαση να φύγω λοιπόν ήτονε ένας Κουνδουράκης εκιά πέρα και μούλεγε ότι εκατάγεντο Κρητικός. Τον είχανε αγγαρία οι Γερμανοί κι είχεν αυτοκίνητο και μετάφερεν εκιά που βορβαδίζανε εγινούντανε μεγάλοι λάκοι, κι εκουβάλιανε πέτρα από την Πεντέλη και γεμίζανε τσί λάκους, κι είχανε μαζέψει ούλα τα περίχωρα εργάτες αυτοκίνητα κι εργάζουνταν εκιά πέρα ούλη νυχτιός τση νύχτας.

Once, during a bombardment of Tatoi, I

was thinking of escaping and there was
this person over there, Koundourakis was
his name and he told me that he was of
Cretan origin.  He was doing a chore for
the Germans. He was
driving a car, there where they bombed
there were big craters, carrying quarry
stones from Penteli to fill the holes. The
Germans had gathered all the cars and the
labourers from around the area and had
them working over there right through
the night all night.

♠ ♠ ♠ ♠ ♠ ♠ ♠ ♠ ♠ ♠ ♠ ♠ ♠ ♠ ♠ ♠ ♠ ♠ ♠ ♠ ♠

Είχανε κάθε δέκα εργάτες και πέντε
Γερμανούς με τα αυτόματα και μας
εβλέπανε ώστε νάχε τελειώσει το
αεροδρόμιο κι ότι νάχε τελειώσει μας
εγυρίζανε ύστερα στο στρατόπεδο.
Αλλά κάθε πρωί πάλι βορβαδίζανε πάλι,
ξαναχαλούσανε πάλι, μας έξαναπιένανε
πάλι
ούλη νύχτιος τση νύχτας κι
εργαζομέστανε ώστε νάχε ξημερώσει.

♠ ♠ ♠ ♠ ♠ ♠ ♠ ♠ ♠ ♠ ♠ ♠ ♠ ♠ ♠ ♠ ♠ ♠ ♠

They had five Germans with automatic weapons for every ten workers and watched over us until the job in the airport was done and then they would take us back to the camp.

But every morning there was more bombing and it was destroyed and would take us there again to work right through the night until the morning light.

♠ ♠ ♠ ♠ ♠ ♠ ♠ ♠ ♠ ♠ ♠ ♠ ♠ ♠ ♠ ♠ ♠ ♠ ♠

Λοιπόν μια φορά σαν μούπενε ότι κατάγεται από την Κρήτη κι από τους Κουνδουράκηδες τους χωριανούς μας του λέω,
«Μωρέ.Θα σου πω ένα πράμα, το οποίο δεν ξέρω αν το δεχτής γιατί είναι ζόρικη δουλειά αλλά αν ξεμιστευτώ θα σου το γνωρίζει ο
Θεός πάντοτε για δεν υποφέρνω τα ότι μου κάνουνε.»

«Λέγε» μου λέει, «Την ώρα που θα
βορβαδίζανε την εδίδανε αυτηνών την
πολιτών την άδεια και φεύγανε»
Και του λέω,
«Αν είναι δυνατό μωρέ την ώρα που σας
αφήνουνε εσάς και φεύγετε να μπώ μωρέ
μέσα κι εγώ και μπορεί να ξεμιστευτώ;»
«Έμπα μωρέ, » μου λέει, «και γ'ή θα
χαθούμε κι δυο.»


So once there was a Cretan from the
Koundourakides family in our village I
said to him, 'I will tell you something. I
don't know whether you will accept it or
not because it is difficult. And if you
succeed then God will remember it
forever, because I cannot bear the things
they do to me.'
'Tell me,' he said, 'during the
bombardments are civilians given
permission to leave?' And I said to him,
'If it is possible, at the time they let you
go, can I get into the car with you and
escape?'
'Come on,' he said, 'and if something

happens we are both lost.'

♠ ♠ ♠ ♠ ♠ ♠ ♠ ♠ ♠ ♠ ♠ ♠ ♠ ♠ ♠ ♠ ♠ ♠ ♠ ♠ ♠

Την ώρα που γίνεντο μια μέρα ο
βορβαδισμός και πέφτανε οι μπόμπες,
ήρθανε ξαφνικά και
βορβαδίζανε και σπάσανε αυτοί και
φεύγανε,
και μας επαίρναν κι εμάς οι Γερμανοί και
τότες αμουντέρνω κι εγώ και μπαίνω εις
το αυτοκίνητο που μπαίναν και οι άλλοι
πολίτες. Αλλά ύστερα επιάσανε την πέρα
μεριά το προάστιο οι Γερμανοί, κι όντεν
αντίντερνε το αυτοκίνητο στην πέρα
πάντα στην Κιφησιά, εκάμανε έλεγχο και
με βρήκανε μένα γιατί μας είχανε ρούχα
ξεχωριστά κι επιάσανε λοιπόν και τον
εδείρανε τον κακομοίρη και τον
κατασκοτώσανε, και με δείρανε κι εμένα
και με γιαήρανε πίσω.

One day suddenly as the bombs were
falling and exploding, the Germans
dispersed and were running away and

took us with them. I went into the car with the rest of the civilians. Later the Germans blocked the other side of the suburb and as the car was turning to the other side of Kifisia they searched the car and they found me inside  because we had different clothes.

And they caught him and me and they bludgeoned him badly and they beat me too and took me back to the camp.

♠ ♠ ♠ ♠ ♠ ♠ ♠ ♠ ♠ ♠ ♠ ♠ ♠ ♠ ♠ ♠ ♠ ♠ ♠ ♠

Εδά τελευταία ήρθενε ένας Γερμανός, ένας αγαθός άνθρωπος, και άμα ήρθενε μασε λέει ότι,«Εγώ παιδιά θα σασέ αφήσω ελεύθερα τα επισκεφτήρια, θα έρχεται ο Ερυθρός Σταυρός ό,τι θέλει να σας φέρνει. Θα' ρχεται ελεύτερα εδώ πέρα όποιος θέλει να σας εβλέπει. Και θα σας κάνω κι ό,τι ευκολία μπορέσω. Λοιπόν μας καλεί μια μέρα και μας λέει, «Ποιος ξέρει από όλους σας εδώ μέσα να παραστείνη θέατρο;»

Ήτανε δύο Αρμένηδες και του λένε,

«Εμείς ξέρουμε. »
«Και γυναίκες έχετε;»
«Και γυναίκες έχουμε.»
After a German officer arrived, a nice man, and he came and said to us. 'Guys you're free to have visits and the Red Cross will be allowed to visit and bring you whatever they have. Anyone who wants to come and visit you will be free to do so. And I will provide for you any convenience I can.'

So one day he called us and said, 'Who of you knows how to act?' There were two Armenians and they replied, 'We know.'

'Do you have women?' 'We have women as well.'

♠ ♠ ♠ ♠ ♠ ♠ ♠ ♠ ♠ ♠ ♠ ♠ ♠ ♠ ♠ ♠ ♠ ♠ ♠ ♠ ♠

Λοιπόν των λέει,
«Θα φτιάξουμε εδώ πέρα ένα μέρος.»

*...then he turned and 'tak, touk, tak, touk.' we smashed his head with the bayonet and the pistol*

Είχενε ευρυχωρία το στρατόπεδο μεγάλη. «Θα φτιάξουμε εδώ πέρα ένα μέρος, να' ρχεστε μια φορά την εβδομάδα να παίζετε να περνά η ώρα των κρατουμένων.» Λοιπόν ήρχουνταν αυτοί επαίζανε με δύο γυναίκες, ήταν και αυτοί άλλοι δύο και παίζανε κάθε Σαββάτο.

'So he said to them. 'We will set up a stage over here.' There was plenty of space in the camp. 'We will set up a stage over here and you will come once a week and perform for the prisoners to pass the time.' So two of them they came and performed with two ladies every Saturday.

♠ ♠ ♠ ♠ ♠ ♠ ♠ ♠ ♠ ♠ ♠ ♠ ♠ ♠ ♠ ♠ ♠ ♠ ♠ ♠ ♠

Επαίζανε έτσι μέρες πολλές και των έδειδε ύστερα άδεια των δύο Αρμένηδων και πηγαίνανε και στα σπίθια τους, κι ήταν κρατούμενοι, και γυρίζανε πάλι το πρωί. Επαίζανε κάμποσο καιρό αλλά μια

φορά όμως εβαλθήκανε να φύγουνε.
Λοιπόν δεν ηθέλανε να φύγουνε τον
καιρό που τους έδιδε άδειες και
πηγαίνανε στα σπίθια τους γιατί δεν
ηθέλανε να τον εκθέσουνε. Ηθέλανε να
τα καταφέρουνε να φύγουνε μέσα από το
στρατόπεδο δά.
Δεν εμπόριεν άνθρωπος να φύγη γιατί
είχανε κάτι σκυλιά και τάχανε βάλει
μέσα σε μια κλούβα. Ένα
μπολυτοκόσκυλο σαν να μουσκάρι, και
τον είχανε αυτό χώρια τον
μπολυκόσκυλο γιατί θενά πνίξει
τσ'άλλους και δυό λυκόσκυλα . Ένας
Γερμανός μόνο εμπόριε να τους
τροφοδοτά.

They did that for many days and after the
play the two Armenians took the rest of
the night off to go to their homes,
although they were prisoners, and they
were back the next morning. They were
performing for some time and then one
day they decided to escape.
They did not want to escape while they

were on leave to go to their homes
because they did not want to get him him
reported. They wanted to escape from
inside the camp.

No one could escape because they had
some dogs that they kept in a cage. They
had a big dog as well, big like a calf, and
they kept this dog separately because it
wanted to kill the other dogs, the two
German shepherds. Only one German
could feed them.

♠♠ ♠ ♠ ♠ ♠ ♠ ♠ ♠ ♠ ♠ ♠ ♠ ♠ ♠ ♠ ♠ ♠ ♠ ♠ ♠

Και τον ελέγαμε σκυλά τον ελέγαμε
εκεινοδά το Γερμανό. Λοιπόν λένε αυτοί
πως θα το κάμωμε. Από το Σστρατόπεδο
δεν μπορούμε να φύγομε. Ήτανε μια
βαρέλα κι έβανεν εφτακόσια κιλά νερό,
κι είχανε δύο άλογα και την ζέφτανε
σ'ένα κάρο, και πήγανεν από εδώ στον
ποταμό κι ήτανε μια βρύση, κι εγεμίζανε
την βαρέλα νερό. Επιένανε ένας
Γερμανός και δύο δικοί μας και την
γεμίζανε και την γύριζανε στο

στρατόπεδο. Η βαρέλα λοιπόν άμα ήτον άδεια  εγροίκας και παίρνεντον ο τόπος.

We call this German Dogman. So they were thinking how to do it. It was impossible to escape from the camp. There was a big barrel that could hold seven hundred kilos of water. They had two horses and they attached the harnesses on the horses' necks to the carriage with the barrel and they went from here to the river where there was a fountain and filled the barrel with water. A German and two of us would go and would fill the barrel and then come back to the camp. When the barrel was empty you could hear it made a very loud noise.

♠ ♠ ♠ ♠ ♠ ♠ ♠ ♠ ♠ ♠ ♠ ♠ ♠ ♠ ♠ ♠ ♠ ♠ ♠ ♠ ♠ ♠

Είχενε από πάνω μια τρύπα που εφκερέζανε το νερό κι εχώριε ο άνθρωπος να μπη από πάνω.

Λοιπόν είπανε αυτοί οντέ νάναι για να πάνε στο νερό να μπούμενε μέσα στη βαρέλα. Κι αυτοί θα πάρουνε ύστερα την βαρέλα να την ζέψουνε να πάνε στο Μενίδι από πάνω πού τονε κεινηδά η βρύση κι όταν θα φύγουμε από το στρατόπεδο δεν ήτον από κι κάτω Γερμανοί τίποτα, ήτανε και κλαδιά και μπορούσαν να κρυφτούνε.
Εφορούσανε αυτοί και κοντά πατελόνια κι απ'όξω την φόρμα που μας δίνανε. Εβλέπανε αυτοί λοιπόν και μόλις είδανε ότι θενά πάνε στο νερό, πάνε κι αυτοί και φουντέρνουνε μέσα στην βαρέλα με τη φόρμα μαζί. Αλλά άπεις εμπήκαμε αυτοί μέσα εβγάλανε την φόρμα κι απομείνανε με τα κοντά πατελονάκια. Σαν έφυγε λοιπόν η βαρέλα από το στρατόπεδο κι επήγαινε από κιά, και χωρί 300 μ. Ο Γερμανός εκάθεντον απ'ομπρός με τσ'άλλους δύο κρατούμενους κι έβγανε σου λέω κι έναν άρβαλο η βαρέλα απού δεν εγροίκας θεού βροντή.

There was a hole at the top where they were emptying the water—big enough for a man to go through. So they said they would hide in the barrel when it was transferred for water. Then the barrel would be on the way to Menidi and once outside the camp there were no Germans from there forward and there were some bushes where they could hide. They were wearing shorts and overalls they had given us.

They were watching and when they saw that it was time to go for water they jumped into the barrel with their overalls. Once inside the barrel they took off the overalls and left the shorts on. As soon as the barrel left the camp and it was on the way and gone 300 meters. The German was sitting at the front with the two prisoners and the barrel was making a loud noise like you never heard—the thunder of God.

♠ ♠ ♠ ♠ ♠ ♠ ♠ ♠ ♠ ♠ ♠ ♠ ♠ ♠ ♠ ♠ ♠ ♠ ♠ ♠

Εβλέπανε αυτό και σαν είδανε πως
εμροχώρησεν η βαρέλα εβγήκανε έξω κι

αμουντέρνουνε και μπαίνουνε σ'ένα
κλαδί, σ'ένα σκοίνο μέσα. Πάνε αυτοί
γεμίζαν την βαρέλα νερό, τηνέ
γιαέρνουνε στο στρατόπεδο, και το
βράδυ απού ήταν η καταμέτρηση (κάθε
βράδυ μας έμετρούσανε στους θαλάμους
μας) ελείπαν οι δύο κρατούμενοι. Λένε,
«Ποιοι λείπουμε, ποιοι λείπουμε;» Κι εδά
εδά λένε, «Οι γ'Αρμένοι λείπουνε.»
They were watching and when they saw
that they barrel had gone some distance
they got out and ran and hid inside a
bush. The others continued and they
filled the barrel with water and they
brought it back to the camp. At night
when they counted us (they counted us
every night at our barracks) there were
two prisoners missing. They asked, 'Who
is missing, who is missing?' and after a
while someone said, 'The Armenians are
missing.'

♠♠ ♠ ♠ ♠ ♠ ♠ ♠ ♠ ♠ ♠ ♠ ♠ ♠ ♠ ♠ ♠ ♠ ♠

Μέσα στο στρατόπεδο λοιπόν ήτανε ένα

αμπέλι που το είχανε αφήσει οι Γερμανοί,
κι ήτανε τ' αμπέλι δασωμένο και μάσε
λένε οι Γερμανοί,
 «Αμέτε μήπως κοιμούνται μέσα
στ'αμπέλι να δείτε.»

  Αλλά το νοιώσαμεν εμείς μόλις
ελείπανε ότι έχουνε φύγει. Μπαίνομε
μέσα στ'αμπέλι δεν είδαμε τίποτα.
Ύστερα λοιπόν μασε  εκλείουνε εμάς
τ'άλλους μέσα και λένε αυτοί,
«Μα καλά. Τι εγινήκανε. Με τι τρόπο
εφύγανε;» Δεν εμπορούσανε να
καταλάβουνε.


Inside the camp there was a vineyard that
was left unattached by the Germans and it
was full of bushes and the Germans told
us, 'Go and search the vineyard just in
case they are sleeping in there.' We knew
as soon as we looked that they were gone.
We entered the vineyard and we saw
nothing. Later they took us inside and
they said, 'What on earth happened?'
How did they escape?' They couldn't
understand.

♠ ♠ ♠ ♠ ♠ ♠ ♠ ♠ ♠ ♠ ♠ ♠ ♠ ♠ ♠ ♠ ♠ ♠ ♠ ♠ ♠ ♠

Με τι τρόπο εφύγανε αυτοί οι
γ'άνθρωποι. Λοιπόν πιάνανε τα
τηλέφωνα ειδοποιήσανε τις Γερμανικές
αρχές και πιάσανε οι Γερμανοί τα πόστα
και βλέπανε. Δεν εκάτσανε εδά οι βλάκες
κι αυτοί εκειδά πέρα και δυό μέρες
ν'αποξενιάσουνε οι Γερμανοί, παρά το
βράδυ απείς εβράδυασε σηκώνουνται να
φύγουνε. Και δεν επήγανε δε και να
μπούνε απ'όξω απού το Μενίδι απού τα
χωράφια να φύγουνε, μόνο εμπήκανε
μέσα απού το Μενίδι. Και μέσα στο
Μενίδι ήτανε περίπολοι βγαρμένες κι
εβλέπανε τα πόστα γιατί το ξέρανε πως
εφύγανε και μια φορά λοιπόν τα
μεσάνυχτα θωρούνε δύο νομάτους σε
μιάν οδό στο Μενίδι και πηγαίνανε. Τόνε
φωνιάξανε Άλτς, κι ως τωνέ φωνιάξαν
άλτ, σπούνε να φύγουνε και τωνέ
βάνουνε με τ'' αυτόματα και τσί
σκοτώνουνε και τσι δύο.

How did these men escape? So they grabbed the telephones and notified the German authorities and the Germans manned the posts and watched. These idiots did not stay in that place for a couple of days until the Germans would relax but when night came they got up and left. And they did not go around Menidi to disappear in the fields instead they entered the town of Menidi.

Inside Menidi there were patrols and they were watching because they knew that they had escaped and just around midnight they saw two men walking in a one of the streets of Menidi. They called, 'Halt.' When they called 'Halt' the men ran away and they fired with their automatic weapons and killed them both.

♠ ♠ ♠ ♠ ♠ ♠ ♠ ♠ ♠ ♠ ♠ ♠ ♠ ♠ ♠ ♠ ♠ ♠ ♠ ♠

Απείς τσοι σκοτώνε λοιπόν την νύχτα τσι βάνουν στ'αυτοκίνητο και τσι φέρουν στο στρατόπεδο. Εμείς είμαστε κλεισμένοι μέσα, δεν είδαμε τίποτα. Το

πρωΐ που μας εφερνανε κείνο τον καφε
και μας εδίνανε κάθε πρωΐ,τσ'είχανε
φερμένους στο μαγειρείο από όξω και
τσ'είχανε θέσει ανάσκελα και τσι δύο, ως
μας βγάλανε όξω τσι θωρούμε εμείς
εκειδά πέρα ξαπλωμένους. Και λέμε
κακορίζικα! Εσκοτώσαν τα'Αρμένιους,
εσκοτώσαν τα'Αρμένιους, και ύστερα
μασε πάνε εκειδά κι άπεις επήγαμε μασε
λένε,
«Κλίνετε επί δεξιά.»
Εγυρίσαμε τα νώτα μας και κοιτάζαμε
τσι σκοτωμένους.

That night after they killed them they put
them in a car and brought them to the
camp. We were locked inside and we saw
nothing.
The next morning when we were having
this coffee that was given to us they
brought the bodies outside the mess hut
and laid them both on their backs. When
we walked out we saw them lying spread
out. 'Poor men,' we said, 'they killed the
Armenians, they killed the Armenians.'

Then they took us closer to them and once we were there they ordered us, 'Turn to the right.' And we turned and we stared at the dead.

♠ ♠ ♠ ♠ ♠ ♠ ♠ ♠ ♠ ♠ ♠ ♠ ♠ ♠ ♠ ♠ ♠ ♠ ♠ ♠

Κι ήτονε εκείνος ο καλός Στρατοπεδάρχης απού σου λέω εδά τελευταία. Και μασε βγάνει λόγο και μασε λέει ότι:
«Βλέπετε ότι εγώ εμπόρεσα να σας κάμω ό,τι καλό εμπόρουνε. Να σας αφήσω λεύθερα τα επισκεφτήρια.»
 (Κι έμπαινε κόσμος και μας έθώριενε απείς έδωκεν ελεύθερα τα επισκεφτήρια. Ούλος ο κόσμος ηρχέντοναι και μας έβαστούσανε τσιγάρα, μας έβαστούσανε οτιδήποτε ήτονε.) Και είπε,
«Να σας αφήσω ετσί αλλά τώρα τούτο που έκαμανέ τσι σκοτώσαμε κι ήτανε κρίμα οι άνθρωποι να χαθούνε, και δεύτερα απού θα σας κόψω τα επισκεφτήρια, και δεν θα'χετε πια κανείς τίποτα. Και όποιος τολμήσει και κάμει

αυτό το πράγμα πάλι θα' χει αυτή την τύχη.»

Μετά λοιπόν ειδοποίησε και ήρθανε και τσι πήρανε εκείνοι που τσ'είχανε από κει πέρα.

Μερικές ημέρες λοιπόν μας έκοψεν τα επισκεφτήρια, όποιοι είχανε γιατί εγώ δεν είχα. Σε μερικές μέρες μας βγάζει λόγο πάλι και μας λέει,

«Θα σας αφήσω πάλι τα ίδια αλλά σας είπα ότι και αν μπορείτε να φύγετε δεν πρέπει γιατί εγώ βλέπετε ότι σας προσέχω κλπ. Καθίσετε εγώ μέχρι να τελειώσει ο πόλεμος να πάτε στα σπίθια σας.»

The good Commander that we had in the end was there. And he made a speech and he said to us, 'As you see I tried to do anything good I could for you. I gave you free visits,' (People would come and see us since he allowed the visits. Anyone could visit us bringing cigarettes and many other things, whatever) and 'I was thinking of leaving it like that, but now look what they did and we killed them. It is a pity to lose these men, secondly I will stop the visits and you will have nothing. And whoever dares to do the same things again will suffer the same fate.'

Then they notified their people and came and took them. For a few days he stopped the visits. That was, for some prisoners that had visitors because I had none. In a few days he made another speech and said that he would allow free visits again like it was before. Then he said, 'Even if you can escape you shouldn't do it because as you can see I look after you etc. Stay here until the war is over and then you can go home.'

www.ingramcontent.com/pod-product-compliance
Lightning Source LLC
Chambersburg PA
CBHW060754050426
42449CB00008B/1403